La boîte à outils

du

Micro-entrepreneur

La boîte à outils du Micro-entrepreneur

Avec 4 vidéos d'approfondissement

Jacques HELLART
Caroline SELMER

DUNOD

Maquette de couverture : Caroline Joubert (www.atelier-du-livre.fr)
Crédits iconographiques : © Mega Pixel
Picto 1 : © Yummyphotos – Shutterstock.com
Picto 2 : © beachboyx10 – Fotolia.com
Picto 3 : © Five by Five – The Noun Project

Crédits iconographiques

Les pictogrammes suivants proviennent de The Noun Project

Dossier 1 : © Fiona OM, © Ian Mawle, © icon 54, © Gregor Cresnar, © Alfredo Hernandez / Outil 1 : © Ian Mawle, © Aldric Rodriquez, © YuguDesign / Outil 2 : © Claire Jones, © Don BLC / Outil 4 : © Gregor Cresnar / Outil 7 : © icon 54 / Outil 11 : © Dan Hetteix / Outil 12 : © Claire Jones / Outil 14 : © Andrew K. Stauffer, © David / Outil 15 : © Ealancheliyans, © Roy Martens / Outil 18 : © Edward Boatman, © Alfredo Hernandez / Outil 20 : © Rflor, © Laurent Caniver, © Alex Tai, © Fiona OM / Dossier 3 : © Gregor Cresnar / Outil 22 : © Gregor Cresnar, © Alex tai, © Y, © Yamini Ahluwalia, © icon 54 / Outil 24 : © Patengerie, © Gregor Cresnar / Outil 25 : © icon 54, © Aldric Rodriquez, © stefano corradetti, © Austin Andrews, © Jamie Dickinson, © Alfredo Hernandez / Outil 26 : © José Campos, © Chameleon Design / Outil 27 : © Alexander Romanov, © Glenis Gomez Rios, © Coby Graphics 1 / Outil 29 : © Michael Thompson, © Wilson Joseph / Outil 32 : © Gregor Cresnar, © Wilson Joseph, © YuguDesign / Outil 3 : © Ben Hantoot, © Pablo Rozenberg, © Five by Five / Outil 35 : © Castor & Pollux, © Creative Stall, © Dan Hetteix / Outil 36 : © Alfredo Hernandez, © Guilhem / Outil 37 : © Berkey Sargin, © Rigo Peter, © Dan Hetteix, Benoît Champy / Outil 38 : © Max Miner, © Mark Shorter, © Roy Milton / Outil 41 : Katya Sotnikova, © Gonzalo Bravo / Outil 42 : © Chameleon Design / Outil 43 : © Aldric Rodriquez, © Alex Tai, © Chris Alpaerts / Outil 44 : © Jorgen Bovolden / Outil 4 : © YuguDesign, © Edward Boatman, © Zlatko Najdenovski / Outil 48 : © Aldric Rodriquez / Outil 50 : © Gregor Cresnar, © Stephen Borengasser / Outil 57 : © Creative Stall, © Bluetip Design / « Le parcours du créateur d'entreprise » : © Aldric Rodriquez, © Gregor Cresnar, © icon 54, © Creative Stall, © Laurent Canivet, © Chameleon Design, © Max Miner, © CO

Traduction des résumés en anglais : Stanley Hanks
Réalisation des vidéos : Baptiste Gosselin
Mise en page : Belle Page

11, rue Paul-Bert, 92240 Malakoff
www.dunod.com
ISBN 978-2-10-074589-0

Des mêmes auteurs

Jacques Hellart

La Boîte à Outils du Web en entreprise (avec Philippe Gérard), Dunod, 2011

Caroline Selmer

La Boîte à Outils du contrôle de gestion, Dunod, 2016

La Boîte à Outils du responsable financier, 2e édition, Dunod, 2013

Concevoir le tableau de bord, 3e édition, Dunod, 2011

Construire et défendre son budget, 2e édition, Dunod, 2009

Toute la fonction finance, Dunod, 2006

Avant-propos

Beaucoup de Français souhaitent se mettre à leur compte, créer leur « boîte ». Un désir d'autonomie et d'indépendance que beaucoup recherchent.

Mais cette volonté de créer sa propre activité est souvent freinée par la crainte d'obstacles administratifs, de charges trop importantes ou plus généralement du risque pris par tout porteur de projet.

Il existe pourtant une forme d'entreprise accessible, ne présentant pas de contraintes administratives lourdes et qui permet de se lancer tout en limitant les risques.

C'est la micro-entreprise !

Une structure qui réunit désormais les auto-entrepreneurs créés en 2009 et les micro-entrepreneurs plus anciens, dont le régime est légèrement différent. Ce régime s'adresse en particulier aux porteurs de projet d'activité commerciale, artisanale ou libérale qui ne veulent pas nécessairement créer une société commerciale pour exercer leur nouvelle activité et souhaitent pouvoir débuter ou arrêter facilement leur activité indépendante.

Pourquoi choisir la micro-entreprise ?

La micro-entreprise offre les avantages de la simplicité en termes de création et de gestion, ce qui permet à beaucoup de faire un premier pas dans le monde de la création d'entreprise.

Créer une micro-entreprise permet de tester une idée grâce à une structure légère, sans avoir besoin d'y effectuer un investissement important. Beaucoup d'étudiants, par exemple, utilisent cette possibilité pour évaluer un premier projet.

C'est aussi pour certains la possibilité de compléter une première source de revenus (salarié, retraité), ou de lancer progressivement une activité avant de lâcher définitivement l'ancienne.

Tout type d'activité peut être exercé. Les marchés les plus visés sont le conseil aux entreprises et la formation, les services à la personne, le e-commerce, le business vert et l'économie solidaire.

Les enjeux

Une micro-entreprise est une vraie entreprise, qui doit trouver un financement adapté. Elle ne fonctionnera que si elle a des clients ; et les clients seront au rendez-vous si l'offre est attractive et si les prix sont justes. Vous devez construire votre crédibilité par une qualification professionnelle, le respect de la réglementation en vigueur, une assurance. Vous devez faire un peu de gestion en tenant une comptabilité, en suivant la rentabilité de l'activité. Si vous réalisez du chiffre d'affaires, vous payerez des cotisations sociales, des taxes et des impôts. Vous aurez donc un certain nombre d'obligations à remplir.

Les solutions apportées

Cette *Boîte à outils du Micro-entrepreneur* répond à ces besoins en présentant 58 outils opérationnels. Ceux-ci sont regroupés en 9 dossiers qui couvrent le projet, la réglementation et l'activité.

1. **Le projet**

› Définir son projet

› Défendre son projet

2. **La réglementation**

› Spécificités de la micro-entreprise

› Sources d'informations, financement, garanties

3. **L'activité**

› Préparer sa communication

› Préparer son installation

› L'approche commerciale

› S'organiser pour travailler seul

› Faire évoluer son activité

Sommaire des vidéos

Certains outils sont accompagnés de vidéos, accessibles par flashcode, qui complètent, développent ou illustrent le propos.

Sommaire

La Boîte à outils, mode d'emploi

Comment utiliser les QR codes de ce livre ?

1. Téléchargez un lecteur de QR code gratuit et ouvrez l'application de votre smartphone.
2. Photographiez le QR code avec votre mobile.
3. Découvrez les contenus interactifs sur votre smartphone.

Si vous n'avez pas de smartphone, saisissez l'URL indiquée sous le QR code dans la barre d'adresse de votre navigateur Internet.

Les outils sont classés par dossier

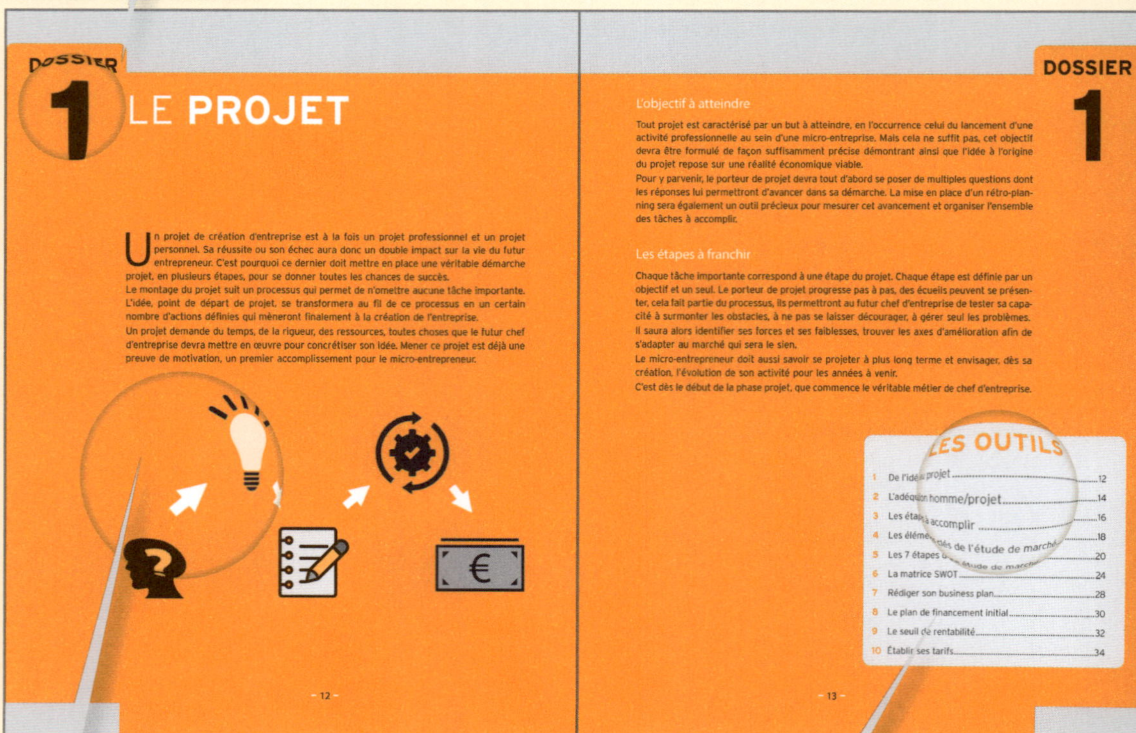

DOSSIER 1

LE PROJET

Un projet de création d'entreprise est à la fois un projet professionnel et un projet personnel. Sa réussite ou son échec aura donc un double impact sur la vie du futur entrepreneur. C'est pourquoi ce dernier doit mettre en place une véritable démarche projet, en plusieurs étapes, pour se donner toutes les chances de succès.
Le montage du projet suit un processus qui permet de n'omettre aucune tâche importante. L'idée, point de départ de projet, se transformera au fil de ce processus en un certain nombre d'actions définies qui mèneront finalement à la création de l'entreprise.
Un projet demande du temps, de la rigueur, des ressources, toutes choses que le futur chef d'entreprise devra mettre en œuvre pour concrétiser son idée. Mener ce projet est déjà une preuve de motivation, un premier accomplissement pour le micro-entrepreneur.

– 12 –

DOSSIER 1

L'objectif à atteindre

Tout projet est caractérisé par un but à atteindre, en l'occurrence celui du lancement d'une activité professionnelle au sein d'une micro-entreprise. Mais cela ne suffit pas, cet objectif devra être formulé de façon suffisamment précise démontrant ainsi que l'idée à l'origine du projet repose sur une réalité économique viable.
Pour y parvenir, le porteur de projet devra tout d'abord se poser de multiples questions dont les réponses lui permettront d'avancer dans sa démarche. La mise en place d'un rétro-planning sera également un outil précieux pour mesurer cet avancement et organiser l'ensemble des tâches à accomplir.

Les étapes à franchir

Chaque tâche importante correspond à une étape du projet. Chaque étape est définie par un objectif et un seul. Le porteur de projet progresse pas à pas, des écueils peuvent se présenter, cela fait partie du processus, ils permettront au futur chef d'entreprise de tester sa capacité à surmonter les obstacles, à ne pas se laisser décourager, à gérer seul les problèmes. Il saura alors identifier ses forces et ses faiblesses, trouver les axes d'amélioration afin de s'adapter au marché qui sera le sien.
Le micro-entrepreneur doit aussi savoir se projeter à plus long terme et envisager, dès sa création, l'évolution de son activité pour les années à venir.
C'est dès le début de la phase projet, que commence le véritable métier de chef d'entreprise.

LES OUTILS

– 13 –

L'intérêt de la thématique vu par un expert

Un menu déroulant des outils

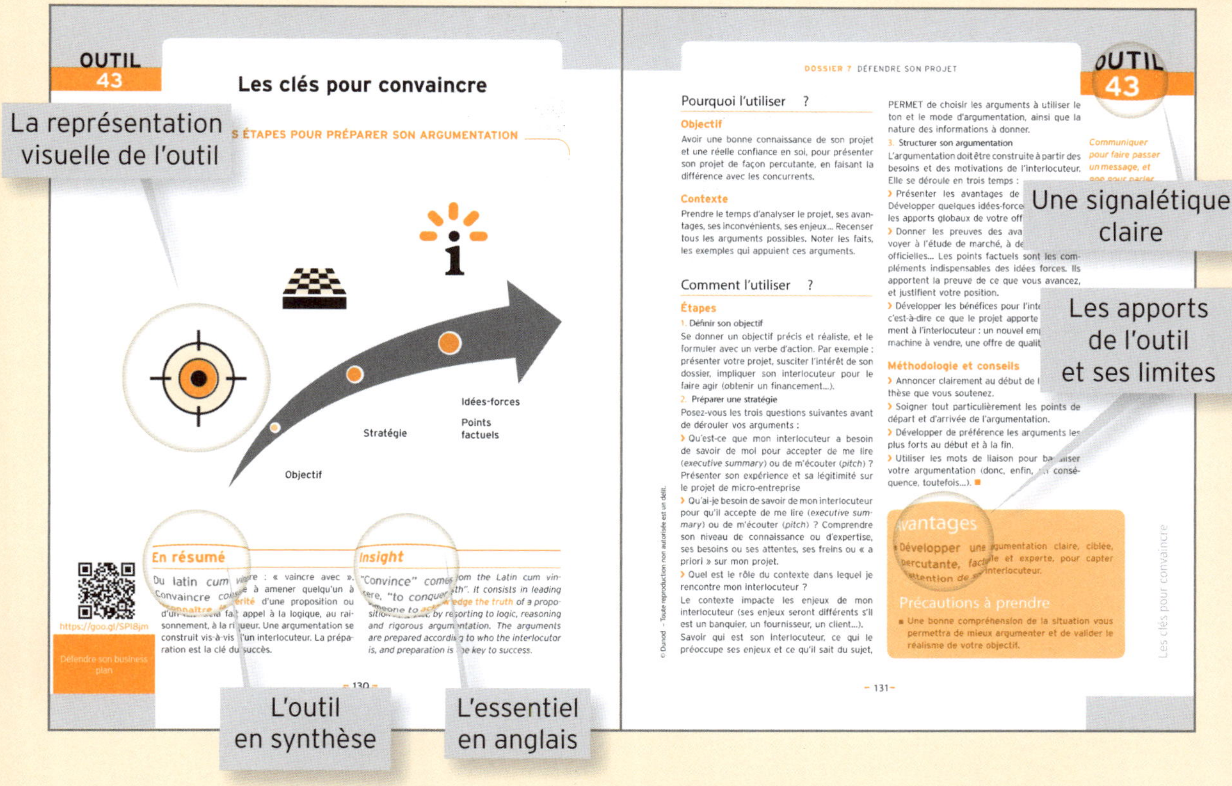
La représentation visuelle de l'outil
Une signalétique claire
Les apports de l'outil et ses limites
L'outil en synthèse
L'essentiel en anglais

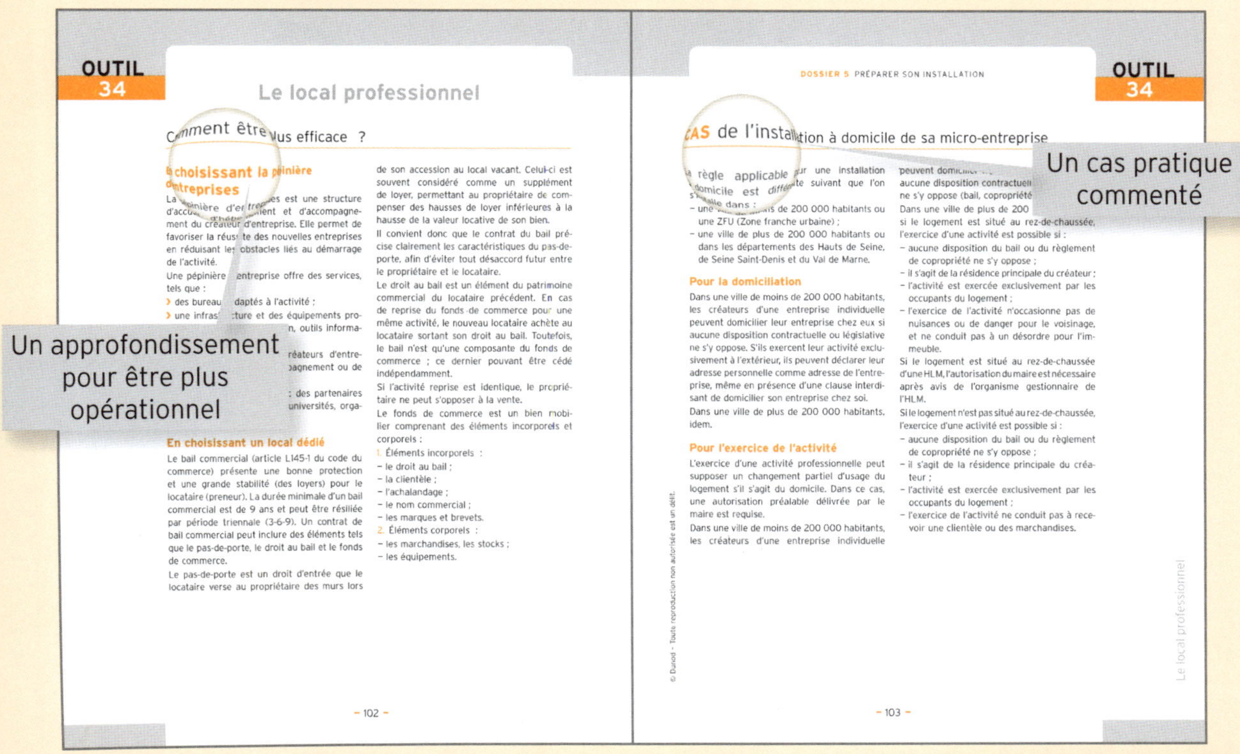
Un cas pratique commenté
Un approfondissement pour être plus opérationnel

DOSSIER

1 LE PROJET

Un projet de création d'entreprise est à la fois un projet professionnel et un projet personnel. Sa réussite ou son échec aura donc un double impact sur la vie du futur entrepreneur. C'est pourquoi ce dernier doit mettre en place une véritable démarche projet, en plusieurs étapes, pour se donner toutes les chances de succès.

Le montage du projet suit un processus qui permet de n'omettre aucune tâche importante. L'idée, point de départ de projet, se transformera au fil de ce processus en un certain nombre d'actions définies qui mèneront finalement à la création de l'entreprise.

Un projet demande du temps, de la rigueur, des ressources, toutes choses que le futur chef d'entreprise devra mettre en œuvre pour concrétiser son idée. Mener ce projet est déjà une preuve de motivation, un premier accomplissement pour le micro-entrepreneur.

DOSSIER
1

L'objectif à atteindre

Tout projet est caractérisé par un but à atteindre, en l'occurrence celui du lancement d'une activité professionnelle au sein d'une micro-entreprise. Mais cela ne suffit pas, cet objectif devra être formulé de façon suffisamment précise démontrant ainsi que l'idée à l'origine du projet repose sur une réalité économique viable.

Pour y parvenir, le porteur de projet devra tout d'abord se poser de multiples questions dont les réponses lui permettront d'avancer dans sa démarche. La mise en place d'un rétro-planning sera également un outil précieux pour mesurer cet avancement et organiser l'ensemble des tâches à accomplir.

Les étapes à franchir

Chaque tâche importante correspond à une étape du projet. Chaque étape est définie par un objectif et un seul. Le porteur de projet progresse pas à pas, des écueils peuvent se présenter, cela fait partie du processus, ils permettront au futur chef d'entreprise de tester sa capacité à surmonter les obstacles, à ne pas se laisser décourager, à gérer seul les problèmes. Il saura alors identifier ses forces et ses faiblesses, trouver les axes d'amélioration afin de s'adapter au marché qui sera le sien.

Le micro-entrepreneur doit aussi savoir se projeter à plus long terme et envisager, dès sa création, l'évolution de son activité pour les années à venir.

C'est dès le début de la phase projet, que commence le véritable métier de chef d'entreprise.

LES OUTILS

OUTIL 1

De l'idée au projet

MÉTHODE

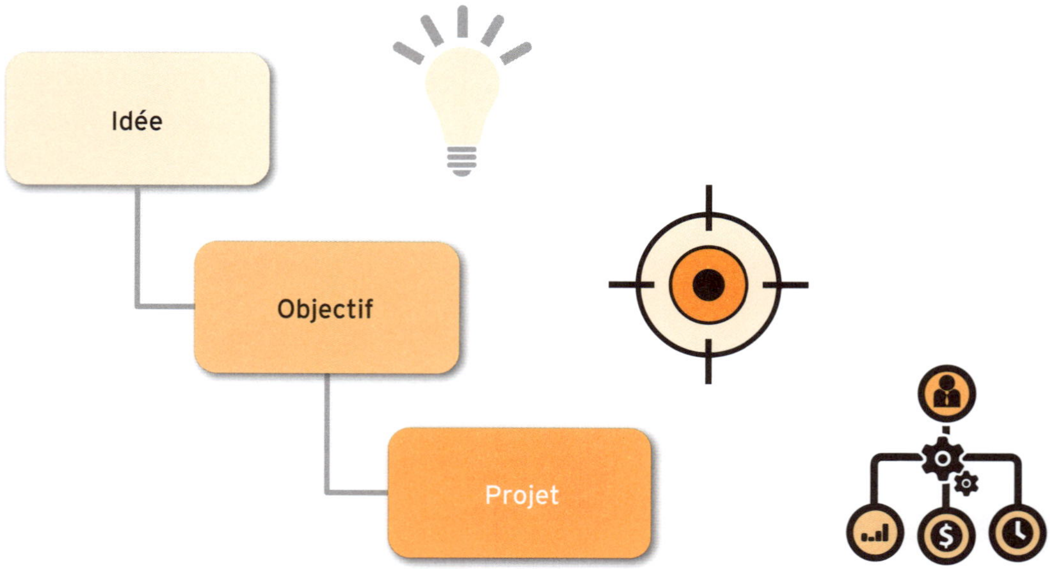

En résumé

L'idée étant la base d'un projet de création d'entreprise, il convient de la transformer en objectif à atteindre.

Cette étape permet tout d'abord de clarifier son idée, puis d'être capable de la présenter sans ambiguïté lorsque cela sera nécessaire.

Insight

Since your idea is the basis for creating your business, it is advisable to transform it into a goal.

This stage enables you to define your idea, then to learn to present it unequivocally whenever necessary.

Pourquoi l'utiliser ?

Objectif

L'idée est souvent vague, l'objectif se veut précis. Il permet d'avoir une vision claire de la finalité du projet et d'éliminer les options parasites du projet, consommatrices de temps et d'énergie, pour aller à l'essentiel.

Contexte

› **En phase initiale du projet** : faire le tri entre plusieurs idées ; savoir ce que l'on veut réellement atteindre.

› **En cours de projet** : respecter la ligne de conduite définie par l'objectif ; se rassurer par le franchissement chronologique des différentes étapes menant à l'atteinte du but ultime.

Comment l'utiliser ?

Étapes

1. **Réaliser son *brainstorming* :**

› jeter sur le papier toutes les idées ;

› envisager différentes versions possibles d'une même idée.

2. **Partager :**

› parler de son idée autour de soi, prendre la température, écouter les avis ;

› retenir les remarques pertinentes, les intégrer à son idée initiale.

3. **Effectuer la synthèse :**

› rédiger en quelques lignes et de façon structurée son idée de projet, démontrant ainsi sa future vision de chef d'entreprise ;

› sonder son entourage afin de vérifier que l'objectif est compréhensible par tous.

4. **Découper :**

› l'objectif final en sous-objectifs de courte ou moyenne durée, balisant ainsi les avancées marquantes du projet ;

› mettre en place un rétro planning qui matérialise les différentes tâches à accomplir.

Méthodologie et conseils

› **Phase de rédaction** : se limiter à deux ou trois phrases à la construction simple ; employer uniquement la forme affirmative ; utiliser de préférence des verbes d'action, facilement quantifiables ; bannir le jargon technique.

› ***Exemples :***

« Accompagner les entreprises dans la conception et la migration de leur système d'information vers le Web. » plutôt que « Devenir consultant en urbanisation SI spécialisé en intégration SaaS. »

« Ouvrir un commerce de proximité de vente de produits biologiques. » plutôt que « Créer une activité commerciale d'aliments naturels issus de producteurs respectueux de l'environnement et de la santé humaine, dans un secteur géographique restreint. »

› **Aller à l'essentiel**, tous les détails seront développés dans le business plan. ■

Une idée, un objectif, un projet. Un objectif atteignable avec des moyens raisonnables.

Avantages

- Un objectif clair permet de connaître immédiatement le but d'un projet de création d'entreprise.
- Il permet de vérifier que le porteur de ce projet a su parfaitement cerner les contours de son idée.
- Il permet d'éviter les ambiguïtés sources de confusion.

Précautions à prendre

- Ne pas chercher à être exhaustif.
- Ne pas laisser place à l'interprétation.
- Si nécessaire, hiérarchiser son projet avec un objectif en deux ou trois étapes réparties dans le temps.

L'adéquation homme/projet

LA MÉTHODE D'ANALYSE

En résumé

Créer son entreprise ne se résume pas à un choix de biens ou de services à proposer.

Il faut que le projet de création d'entreprise soit **compatible avec le projet de vie** personnel, et que l'on s'y sente bien.

Insight

Starting a business doesn't simply consist in choosing a series of goods or services you want to propose.

*Your business plan needs to be **compatible with your life plan**, and you need to feel comfortable with it.*

Pourquoi l'utiliser ?

Objectif

Vérifier que l'on est bien la **bonne personne** pour le **bon projet**, « l'homme » de la situation.

Contexte

Vie professionnelle et vie personnelle. Il faut donc tout mettre en œuvre pour que ces deux mondes cohabitent de la meilleure façon possible.

Comment l'utiliser ?

Étapes

1. **Définir ses motivations**

› Trouver une solution à un problème actuel.

› Concrétiser un rêve, une passion.

› Devenir son propre patron.

2. **S'assurer de l'adéquation « homme/projet »**

› Suis-je vraiment fait(e) pour cela ?

› Saurais-je évoluer avec le marché

› Mon envie d'aujourd'hui ne risque-t-elle pas de s'estomper demain ?

3. **Identifier ses contraintes**

› Les contraintes ne seront-elles pas trop lourdes pour moi (charge de travail, responsabilités, etc.) ?

› Quels seront les impacts négatifs sur ma vie personnelle (disponibilité, finances, stress, etc.) ?

4. **Réaliser son bilan personnel**

› S'assurer de la qualité de ses motivations et de leurs réelles cohérences avec le projet.

› Impliquer ses proches (conjoint, enfants) afin d'obtenir leur soutien inconditionnel.

Méthodologie et conseils

Analyse des motivations

› Créer une entreprise pour résoudre un problème d'emploi est une motivation qui risque d'être passagère.

› Créer pour développer une activité est une motivation forte qui laisse entrevoir une stratégie raisonnée et réfléchie.

› Créer pour être indépendant est la première motivation des créateurs d'entreprise. C'est un moteur puissant, mais tout le monde n'est pas fait pour devenir son propre patron.

› Créer son entreprise pour gagner plus d'argent... Espoir légitime, mais pas évident en début d'activité.

Un projet professionnel qui permette de s'épanouir dans sa vie personnelle.

Analyse des contraintes personnelles

› Les contraintes physiques (état de santé).

› Les contraintes de temps (délais de licenciement, un déménagement).

› Les contraintes financières (train de vie).

› Les contraintes du cadre de vie (moyens de transport).

Analyse des contraintes professionnelles

› Les délais imposés par une règlementation particulière (obtention des autorisations pour l'ouverture d'un commerce).

› Les délais de perception des indemnités chômage et/ou le versement d'une aide à la création d'entreprise.

› Le délai imposé par l'obtention d'un diplôme ou d'un certificat professionnel indispensable à l'exercice de l'activité, etc.

L'Agence France entrepreneur (AFE) publie sur son site *www.afecreation.fr* un document intitulé « **Valider son idée** », qui permet d'évaluer en 4 étapes la viabilité de son idée et de son adéquation avec sa personnalité. ■

Avantages

- Effectuer une analyse systématique et objective de ses motivations.
- Se contraindre à se poser de multiples questions et y trouver les réponses.

Précautions à prendre

- Attention aux motivations « par défaut ».
- L'indépendance peut être parfois synonyme de solitude.
- Un client peut s'avérer être un « patron » plus exigeant qu'un employeur !

Les étapes à accomplir

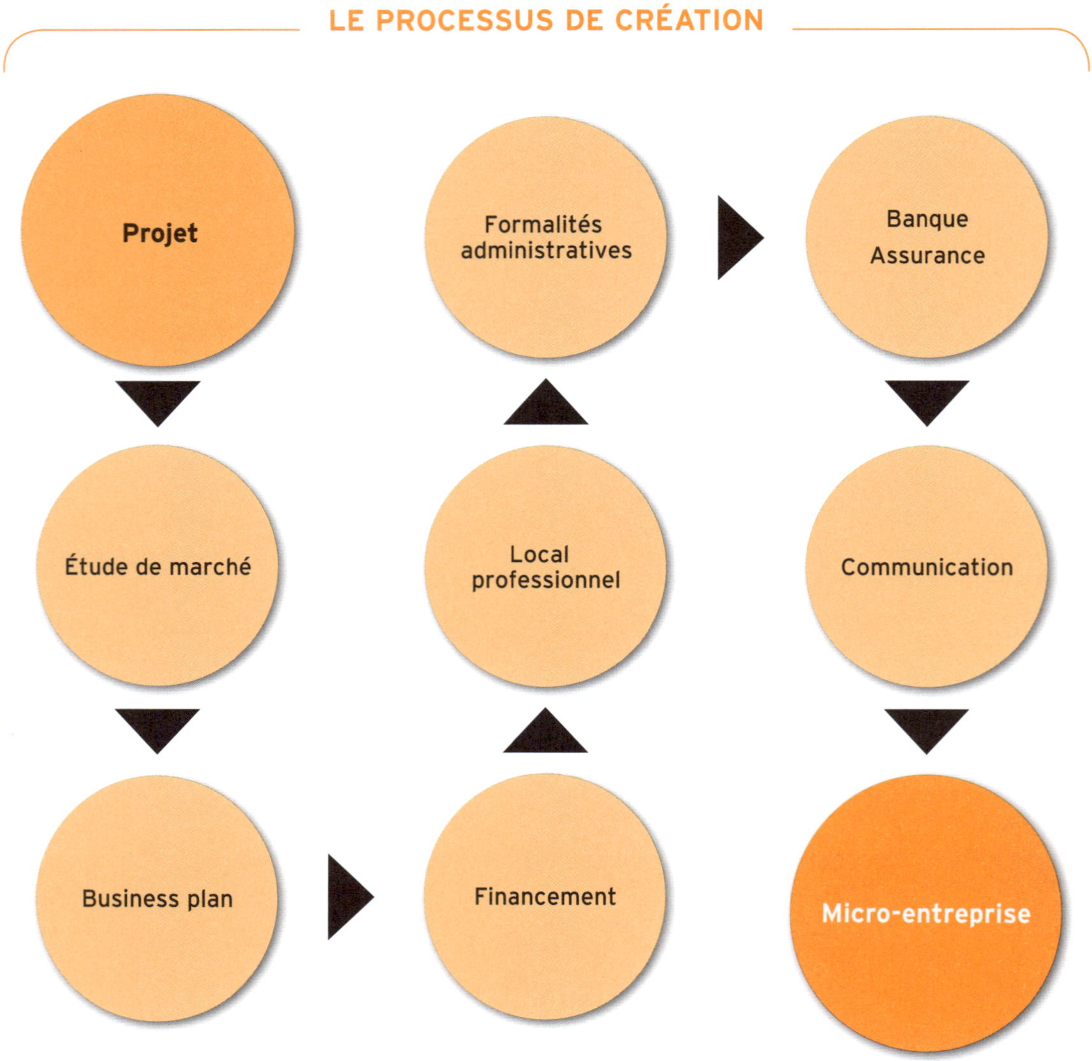

En résumé

Dès le départ, il est important d'avoir une vision exhaustive des étapes à franchir et des formalités à accomplir pour monter sa micro-entreprise.

Chaque projet étant différent, les étapes peuvent être plus ou moins nombreuses et/ou complexes.

Insight

From the onset it's important to acquire an exhaustive overview of the stages you need to go through, along with the administrative hurdles you need to tackle in order to start your own business.

Each project is different; the stages involved can be more or less numerous and/or complex.

Pourquoi l'utiliser ?

Objectif

S'assurer de ne rien omettre durant la phase projet et entamer avec confiance un parcours où quelques embûches ne manqueront pas de survenir.

Anticiper les problèmes afin d'être prêt à les affronter.

Contexte

Nombre de porteurs de projet s'affolent devant l'apparente ampleur des démarches à accomplir pour créer son entreprise. Quoiqu'en dise une rumeur persistante, la création d'entreprise en France n'est pas un parcours du combattant, beaucoup de procédures se sont simplifiées depuis plusieurs années. Ouvrir une micro-entreprise est aujourd'hui accessible à tous. Pour autant, un certain nombre de tâches doivent être réalisées et il convient de les identifier avant de se lancer dans l'aventure.

Comment l'utiliser ?

Étapes

1. **Formaliser son idée et la transformer en projet**

› Définir son objectif (cf. Outil 1).

› Valider son idée (cf. Outil 2).

2. **Réaliser une étude de marché** (cf. Outils 4 et 5)

› L'environnement du marché.

› La cible.

› La concurrence.

3. **Rédiger son business plan** (cf. Outils 7 et 8)

› Développer son idée, son offre.

› Faire ses prévisions financières.

4. **Accomplir des formalités** (cf. Dossiers 3 et 5)

› Lister les formalités nécessaires au montage du projet.

› Identifier les organismes à contacter.

5. **Financer sa future activité** (cf. Dossier 3)

› En fonds propres.

› Par des aides.

› Grâce à des prêts.

6. **Trouver un local professionnel** (cf. Outil 34)

› Pour la domiciliation de son entreprise.

› Pour le lieu d'exercice de l'activité.

7. **Contacter une banque, une assurance** (cf. Dossier 6)

› Ouvrir un compte réservé à l'activité professionnelle.

› S'assurer en risques professionnels.

8. **Préparer sa communication** (cf. Dossier 4)

› Les outils *print*.

› La communication Web.

Méthodologie et conseils

Le parcours du créateur d'entreprise est jalonné d'étapes progressives qu'il faut avoir en tête. Retrouvez cette chronologie détaillée à la fin de l'ouvrage, à la page 170. Vous pourrez ainsi vous figurer ce parcours et anticiper les actions primordiales à entreprendre.

Pouvoir se projeter dans son parcours de créateur avec un maximum de sérénité.

Avantages

- Savoir « où l'on met les pieds ».
- S'assurer que l'on est bien fait pour se lancer dans l'aventure de la création d'entreprise.
- Se contraindre à se poser de multiples questions et y trouver les réponses.

Précautions à prendre

- Attention aux motivations « par défaut ».
- L'indépendance peut être parfois synonyme de solitude.
- Un client peut s'avérer être un « patron » plus exigeant qu'un vrai !
- Ne pas se surestimer, ne pas se sous-estimer.

OUTIL 4

Les éléments clés de l'étude de marché

LE PLAN DE L'ÉTUDE DE MARCHÉ

Définir le marché	• Identification • Produits ou services concurrents • Acteurs
Analyser la demande	• Taille du marché • Comportement de la cible • Segmentation éventuelle
Évaluer l'offre	• Produits ou services de référence • Caractéristique de l'offre concurrentielle • Satisfaction des clients
Cerner l'environnement	• Évolutions et innovations • Contraintes règlementaires • Influenceurs, prescripteurs

En résumé

Le marché est l'environnement dans lequel le micro-entrepreneur va évoluer. Il est principalement défini par des clients et des concurrents. Les éléments à prendre en compte dans l'étude de marché, sont ceux qui vont permettre de mieux connaître les clients et l'état de la concurrence sur le marché visé.

Insight

The market is the environment in which your small business is going to evolve. It mainly consists of clients and competitors. In your market study you need to focus on elements that will help you become better acquainted with your clients' nature, along with the competitive situation in the market you are targeting.

Pourquoi l'utiliser ?

Objectif

L'étude de marché doit être réalisée en amont du projet, après avoir analysé sa situation personnelle et avoir clairement identifié le marché dans lequel on souhaite se développer.

Contexte

L'étude de marché, souvent négligée, est pourtant nécessaire à la réussite d'un projet de création d'entreprise. Même si elle n'est pas un gage de réussite absolue, elle permet de réduire les risques inhérents à ce type de projet.

Comment l'utiliser ?

Étapes

1. **Vérifier l'opportunité commerciale**

L'étude de marché doit permettre de répondre aux questions suivantes :

› Le besoin existe-t-il réellement ?

› Le besoin n'est-il pas déjà couvert par la concurrence ?

› Serais-je capable de prendre des parts de marché ?

› Le marché présente-t-il un potentiel d'évolution à moyen/long terme ?

› Le marché est-il segmenté ?

› Quels sont les critères de réussite (implantation géographique précise) et les contraintes de ce marché (frais d'entrée) ?

2. **Rechercher les informations qui vous manquent pour ajuster le projet**

› **Marché.** Comment se comporte-t-il ? Quelles grandes tendances se dégagent ? Quelle est sa taille ? Y a-t-il excès ou pénurie d'offre ? Quel chiffre d'affaires peut-on envisager ?

› **Environnement.** Quelles contraintes liées au marché me sont imposées ? Des menaces sont-elles présentes ou à prévoir ?

› **Concurrents.** Quel est leur profil ? Quelle est leur offre ? Quels sont leurs tarifs ?

› **Cible.** Quelles sont ses attentes ? Où se trouve-t-elle ? Quel est son pouvoir d'achat ? Est-elle fidèle, captive ?

3. **Estimer le chiffre d'affaires prévisionnel**

› Cela permet de savoir « où l'on va ». Par différentes méthodes de calcul et d'analyse, on peut réaliser une évaluation qui permettra de valider financièrement le projet.

› En recoupant les informations recueillies, on peut évaluer le nombre de clients potentiels sur sa zone d'intervention, et leur volume de consommation pour fixer ses hypothèses de chiffre d'affaires prévisionnel. On peut aussi multiplier le nombre d'acheteurs potentiels par la consommation annuelle du produit ou du service envisagé, ou se baser sur le chiffre d'affaires des concurrents.

Être guidé par la nécessité de bien connaître son marché avant de se lancer, et non parce qu'on vous le demande.

Méthodologie et conseils

Si on cherche à connaître, comprendre, réaliser une étude qualitative. Celle-ci est réalisée par interviews ou entretiens en face-à-face (durée : 1h30 à 2h). Poser des questions ouvertes : Quoi ? Comment ? Qui ? Pourquoi ?

Si on cherche à évaluer, quantifier, valider, tester, privilégier l'étude quantitative. Elle procède par questionnaires à questions fermées ou semi-fermées : Combien ? À quel niveau ? À quelle intensité ? À quel taux ? Elle peut être réalisée par téléphone, par courrier ou par e-mail. ■

Avantages

- Acquérir une bonne connaissance du secteur d'activité visé.
- Réduire au maximum les risques d'échec en connaissant mieux son futur environnement.

Précautions à prendre

- Présenter ses estimations de chiffre d'affaires à des professionnels du métier visé par le projet.

OUTIL 5

Les 7 étapes d'une étude de marché

LES 7 ÉTAPES

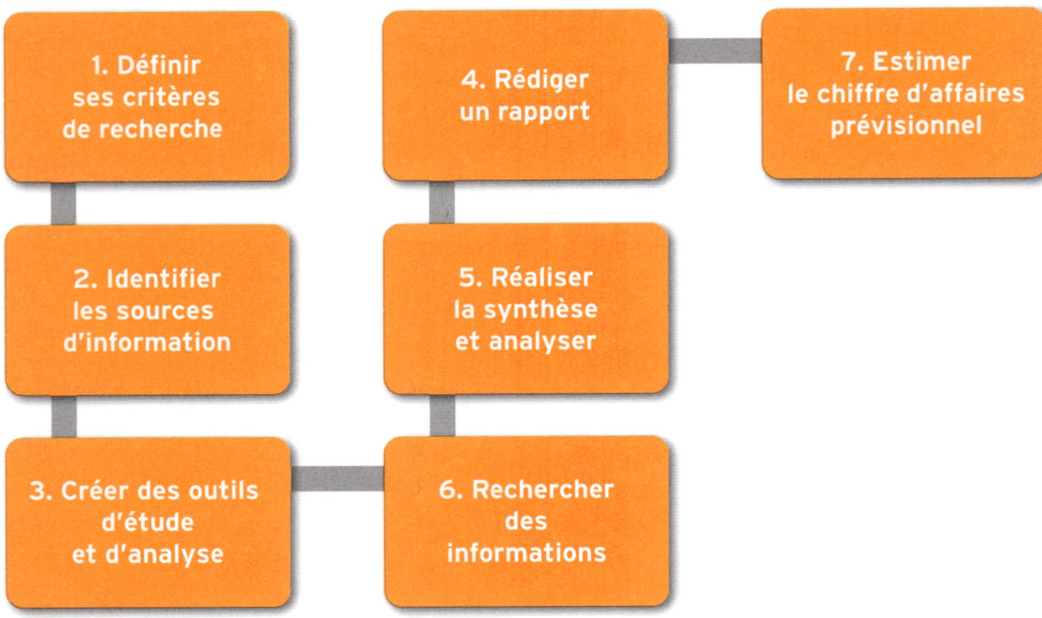

En résumé

Réaliser une étude de marché n'est pas une démarche simple. Il est donc recommandé de suivre un processus rigoureux sans sauter d'étapes.

C'est avant tout un processus de collecte et d'analyse d'informations permettant de s'assurer que le projet peut être viable commercialement.

Insight

Carrying out a market study is no simple task. Therefore it is advisable to follow a rigorous procedure without skipping any stages.

It is mainly a procedure of gathering and analyzing information that will provide you with the reassurance that your project is commercially viable.

Pourquoi l'utiliser ?

Objectif

L'objectif est d'obtenir, d'analyser et d'interpréter des données de façon formelle et objective afin de procurer au micro-entrepreneur les informations lui permettant de s'assurer que son projet est commercialement réalisable et d'agir en connaissance de cause.

Contexte

Avoir une vision claire des éléments à étudier :

- collecter des informations propres à son contexte et ne pas se contenter de données macro-économiques générales ;
- vérifier la fiabilité des informations collectées ;
- être capable d'analyser les informations recueillies.

Comment l'utiliser ?

Étapes

Élaborer une étude de marché nécessite de s'appuyer sur une démarche rigoureuse et se fait d'après des étapes précises.

1. **Définir ses critères de recherche :** éléments à analyser, durée de l'étude, champ de l'étude, budget accordé.
2. **Identifier les sources d'information :** sur le terrain (population à interroger), auprès d'organismes, sur internet, presse spécialisée, base de données professionnelles.
3. **Créer des outils d'étude et d'analyse :** prototype, questionnaires, tableaux de bord.
4. **Rechercher des informations :** se réserver du temps, prendre des rendez-vous, réaliser des entretiens.
5. **Réaliser la synthèse et analyser :** regrouper des informations, vérifier leur faisabilité, numériser ce qui peut l'être.
6. **Rédiger un rapport :** présenter les résultats et vos recommandations, identifier les opportunités et les risques, définir les conditions de réussite, faire ressortir les contraintes, les chiffres clés.
7. **Estimer le chiffre d'affaires prévisionnel :** utiliser au moins deux méthodes de calcul, ne pas se baser sur un objectif à atteindre, établir ses comptes prévisionnels.

Rechercher l'information à sa source première : consommateurs, clients, population que l'on désire connaître.

Méthodologie et conseils

- L'approche terrain doit être privilégiée lorsque cela est possible. Elle permet véritablement de prendre la température du marché : directement auprès de ses futurs clients, dans les points de vente de ses futurs concurrents, en discutant avec les forces de vente et en participant à des réunions, rencontres, salons.
- Des précautions doivent être prises sur le Web quant aux informations recueillies (ancienneté, fiabilité).
- Rester derrière un ordinateur à rechercher des informations peut paraître plus facile et surtout moins consommateur de temps, que se déplacer sur le terrain. Si ces deux sources sont très complémentaires, leur efficacité n'est pas la même.
- De plus, la méconnaissance des techniques de recherche avancée sur le réseau (se limiter au moteur de recherche Google), font souvent passer le futur entrepreneur à côté d'informations essentielles.
- Pour une information particulière ou sectorielle, consulter les syndicats professionnels, les observatoires économiques et les centres de documentation des chambres de commerce et d'industries. ■

Avantages

- Obtenir des retours de clients potentiels.
- Aider à prendre des décisions.
- Minimiser les risques du projet.

Précautions à prendre

- Respecter une démarche méthodique et ordonnée.
- Dimensionner l'étude, en termes de budget, par rapport aux enjeux recherchés.

OUTIL 6

La matrice SWOT

LES QUATRE COMPOSANTES DE LA MATRICE SWOT

En résumé

La matrice SWOT (*strengths, weakness, opportunities, threats*) est une synthèse du diagnostic marketing qui prépare la prise de décision. Elle se présente sous la forme d'un tableau qui récapitule les points clés de l'analyse interne (forces et faiblesses de l'entreprise) et les faits marquants de l'analyse externe (menaces et opportunités du marché).

Insight

The SWOT matrix (strengths, weakness, opportunities, threats) is a way of summarizing your marketing diagnostic when you are preparing to make a decision.
It is presented as a chart that recapitulates the key elements in your internal analysis (strengths and weaknesses of your enterprise) and the salient facts in your external analysis (opportunities and threats in the market).

Pourquoi l'utiliser ?

Objectif

La matrice SWOT met en évidence les enjeux clés d'une entreprise (problème de concurrence, de marque, de qualité, de distribution, de marge, de stock, de compétence...). Elle permet d'anticiper, les évolutions futures qui auront le plus d'impact sur l'avenir de l'entreprise, et les risques éventuels auxquels l'entreprise doit se préparer. Elle génère des idées pour orienter les choix et identifier des leviers d'action.

Contexte

La matrice SWOT se construit au niveau d'une entité ayant un marché : un segment stratégique, une approche métier, une approche géographique, ou une approche secteur d'activité.

Comment l'utiliser ?

Étapes

1. Réaliser le diagnostic marketing de l'entreprise

Le diagnostic externe porte sur :

- la concurrence ;
- l'évolution du marché ;
- l'évolution des métiers et des compétences ;
- l'environnement économique ;
- la réglementation.

Le diagnostic interne porte sur :

- l'équilibre du portefeuille des produits ;
- l'équilibre du portefeuille des clients ;
- l'innovation ;
- la qualité des produits ;
- les actions commerciales ;
- l'évolution des résultats (croissance-rentabilité).

2. Hiérarchiser les informations au sein de la matrice

Il s'agit de marier vos compétences avec les opportunités du marché visé. Selon les forces ou les faiblesses que vous possédez, une menace peut se transformer en opportunité et vice et versa. Par exemple, se lancer dans une activité qui implique des coûts compétitifs et une capacité de production élevée, est une opportunité vous disposez de ses deux forces, sinon c'est une menace.

3. Identifier les axes prioritaires du plan d'action marketing

Les axes prioritaires du plan d'action doivent donner des réponses aux problèmes rencontrés afin de :

- profiter des opportunités ;
- se prémunir contre les menaces ;
- consolider les points forts ;
- améliorer les points faibles.

Prendre en compte tous les facteurs clés de succès permettant de mettre en œuvre sa stratégie.

Méthodologie et conseils

Pour conduire le diagnostic externe, il est recommandé d'utiliser les outils de veille économique (Internet, réseau professionnel, salons, etc.) et de s'inspirer de l'analyse du secteur selon Porter, qui passe en revue les concurrents, les clients, les fournisseurs, la réglementation et les produits de substitution, afin de faire le tour des faits marquants du marché.

Pour réaliser le diagnostic interne, faire l'inventaire des atouts de l'entreprise sur son marché : coût de revient, rentabilité, productivité, image, qualité de service, délai de livraison, technologie, organisation. Puis s'interroger sur sa performance relative par rapport à celle de ses concurrents. ■

Avantages

- Un outil de structuration d'un diagnostic en mettant en relation les quatre composantes de la matrice.
- Un outil de communication facile à partager avec des financiers et des non financiers.

Précautions à prendre

- Ne pas limiter l'analyse à la seule réduction des points faibles.
- Valider que le plan d'action est cohérent avec les enjeux de l'entreprise.

SUITE OUTIL 6 →

La matrice SWOT

Comment être plus efficace ?

Les quatre étapes de la stratégie marketing

1. **Définir des objectifs ambitieux mais réalistes :** parts de marché, volumes de ventes, chiffre d'affaires, bénéfices, notoriété...

2. **Choisir une cible prioritaire** après avoir observé et segmenté son marché : une tranche d'âge, une catégorie socioprofessionnelle, un pays...

3. **Définir le positionnement de sa marque,** sa gamme de produits ou son entreprise, grâce à une différenciation claire, reconnue et durable.

4. **Choisir les composants du mix-marketing** (produit, prix, communication, distribution) qui seront à développer prioritairement, afin de concrétiser le positionnement et d'atteindre les objectifs auprès de la cible visée.

Segmenter son marché

Cela consiste à découper le marché en segments les plus homogènes possibles au niveau de leurs caractéristiques et les plus différenciés les uns par rapport aux autres (par exemple, collectivités, entreprises, particuliers).

Pour segmenter un marché, il faut partir de la cible, donc du marché lui-même et non de l'offre. En effet, la segmentation, en partant de l'offre, permet de suivre l'évolution des ventes et des parts de marché, mais pas de s'adresser de façon efficace au marché cible.

› **Retenir les critères les plus pertinents** par rapport à son offre, qu'ils soient également mesurables (vérifiables) et opérationnels (utilisables) : géographique, âge, niveau de revenu...

› **Étudier les segments** de façon à estimer leur degré d'attractivité (potentiel), d'accessibilité (géographique) et d'intensité concurrentielle. Cette étape permet d'évaluer l'intérêt des segments du point de vue économique et commercial.

› **Choisir le ou les segments** auxquels l'entreprise s'adressera

› **Déterminer les caractéristiques du mix-marketing** qui vont permettre de s'adresser le plus efficacement possible aux segments cibles

Formaliser son plan marketing

Le plan marketing est un document de synthèse qui formalise à un instant T : l'analyse de la situation ; les décisions stratégiques pour les 3 ans à venir ; le plan d'actions opérationnel sur la première année ; Le budget prévisionnel alloué. La structure type d'un plan marketing est décrite dans le tableau suivant.

Résumé managérial	• L'essentiel de ce qu'il faut retenir • Précis, synthétique et compréhensible par tous
Diagnostic SWOT	• Tableau synthétique concis • Peut-être accompagné d'annexes (statistiques, graphiques)
Stratégie	• Objectifs à 3 ans et moyens pour y parvenir • Choix des cibles, positionnement, choix d'actions mix-marketing
Plan d'actions	• Actions de mix-marketing sur la 1re année • Planning prévisionnel • Prévisions d'actions correctrices
Budget prévisionnel	• Évolution du marché, volume des ventes, chiffre d'affaires • Coûts fixes et variables, coûts marketing et commerciaux • Marge brute et nette, taux de profit
Outils de contrôle	• Indicateurs de résultats • Tableaux de bord

EXEMPLE de diagnostic marketing

La version française, matrice EMOFF (enjeux, menaces, opportunités, forces, faiblesses), ajoute un élément non négligeable, les enjeux pour l'entreprise, ce qui permet de rappeler le cadre du diagnostic et d'en garantir la cohérence.

Enjeu : devenir leader sur ce segment de marché

FORCES

- Expérience et maîtrise des mécanismes de ce marché
- Carnet d'adresse quantitatif
- Faibles coûts de développement

FAIBLESSES

- Notoriété quasi nulle
- Faible budget

OPPORTUNITES

- Forte attente auprès de la clientèle ciblée
- Correspond aux nouvelles habitudes de consommation
- Partenariats possibles

MENACES

- La concurrence s'apprête à envahir le marché
- Les distributeurs ne sont pas encore prêts à promouvoir ce type de produit

OUTIL 7

Rédiger son business plan

STRUCTURE D'UN BUSINESS PLAN

En résumé

Un business plan est un **document écrit**, détaillé et argumenté qui permet de présenter son projet d'entreprise. Il doit être clair, concis et agréable à lire. Placez au début un résumé appelé *executive summary* afin d'accrocher l'intérêt du lecteur. En annexe, insérez des articles ou des documents renforçant vos analyses.

Insight

A business plan is a detailed and well-argued ***written document*** *that enables you to present your company project. It needs to be clear, concise and well-written. Introduce it with an executive summary designed to grip the reader's attention. In an appendix, include articles and documents that support and reinforce your analysis.*

Outil de communication, outil de management et outil de développement.

Pourquoi l'utiliser ?

Objectif

La rédaction du business plan est recommandée au micro-entrepreneur car elle l'aide à construire son projet et à en estimer la viabilité. Une fois achevé, il lui sera utile pour présenter et vendre le projet à des investisseurs ou des partenaires.

Contexte

Un business plan est une histoire que l'on écrit. Elle part du marché, de l'offre proposée, des clients visés. Elle décrit l'organisation que l'on imagine, les moyens nécessaires pour développer cette offre, la vendre et la produire. Le business plan est chiffré et positionné dans le temps afin de pouvoir répondre à une question simple : « J'y vais ou je n'y vais pas ? ».

Comment l'utiliser ?

Étapes

En respectant la structure présentée ci-dessous, vous serez sûr de ne rien oublier.

1. **Micro-entrepreneur**

› Présentation : parcours professionnel, compétences.

› Motivation : pourquoi ce projet (argent, reconnaissance, indépendance, etc.).

2. **Projet**

› Description du projet.

› Présentation du métier ; localisation.

› Contraintes : diplôme requis, autorisations nécessaires, agréments professionnels...

› Financement : fonds à investir, fonds externes nécessaires.

3. **Offre**

› Marché visé : clients visés, évolution de la demande, analyse concurrentielle, évolution de l'offre, matrice SWOT, place ambitionnée.

› Offre : produits ou services proposés (caractéristiques, avantages, marque...), prix de vente, emplacement, communication.

4. **Chiffre d'affaires**

› Parts de marché futures.

› Prévisions de ventes.

5. **Modèle économique**

› Sources de revenus, évolution, récurrence...

› Positionnement sur son marché.

› Développement local, régional, national...

› Risques inhérents à la mise en œuvre.

6. **Moyens à disposition**

› Moyens commerciaux : distributeurs, actions.

› Moyens de production : fournisseurs, coûts de production, équipements nécessaires.

› Moyens humains : compétences, partenariat.

7. **Dossier financier**

› Besoin de financement initial.

› Trésorerie : évolution sur les 3 ans à venir.

› Seuil de rentabilité.

8. **Conclusion**

› Points forts et points faibles du projet.

Méthodologie et conseils

Adaptez votre dossier à vos interlocuteurs, par exemple, en mettant en avant des éléments différents selon que vous vous adressez à un investisseur ou à un partenaire commercial. Allez à l'essentiel, faites court, tout en respectant la structure préconisée. Argumentez vos affirmations avec des preuves (étude, article, photo, fait concret...). Soignez la mise en page afin d'en faciliter la lecture. ■

Avantages

- Le business plan est un outil de travail qui aide à bâtir son projet, convaincre de l'intérêt d'un projet, évaluer et piloter tout au long de la vie du projet.

Précautions à prendre

- Il est important de concentrer ses efforts sur quelques semaines et de bien positionner les objectifs de la première année afin de se ménager de la flexibilité les années suivantes.

OUTIL 8

Plan de financement initial

LES DEUX PARTIES DU PLAN DE FINANCEMENT INITIAL

EMPLOIS Besoins durables	RESSSOURCES Financements stables
• Frais d'établissement	• Apport personnel
• Investissements HT	• Emprunt
• Besoin en fonds de roulement (BFR) HT	• Subvention, aide

TOTAL = TOTAL

En résumé

Le plan de financement initial se présente sous la forme d'un tableau à 2 colonnes. Il recense les besoins durables de financement (ou emplois), ainsi que les ressources financières stables (ou ressources) de la première période. Il conduit à rechercher la meilleure solution pour équilibrer les emplois et les ressources.

Insight

You should present your initial funding plan in a chart with two columns. The first one features your long-term financing needs (or job posts); the second one lists the stable financial resources foreseen in your initial period.

It will lead you to search for the best solution to collate foreseen job posts with available financial resources.

Pourquoi l'utiliser ?

Objectif

« Le plan de financement initial est un processus qui permet de faire apparaître progressivement les besoins financiers nés de l'activité de l'entreprise et les possibilités de ressources qui y correspondent. » (APCE)

Contexte

« Cette étape vous amènera soit à renoncer au projet si la proportion de fonds propres est trop faible par rapport aux fonds d'emprunt qu'il faudrait obtenir, soit à le dimensionner en le modifiant pour réduire les besoins (par exemple, sous-traiter au lieu d'investir). » (APCE)

Comment l'utiliser ?

Étapes

1. Recenser les besoins durables

Les frais d'établissement couvrent les dépenses générées lors de la constitution de l'entreprise (honoraires de conseil, frais d'immatriculation, de publicité…).

Les investissements regroupent les dépenses de :

- biens matériels (terrain, mobilier, immobilier, matériel, véhicule, ordinateur…) ;
- biens immatériels (brevet, droit au bail, fonds de commerce, création d'un site internet, application informatique…) ;
- biens financiers (dépôt et cautionnement pour le bail du local…).

Le besoin en fonds de roulement (BFR) correspond aux fonds nécessaires pour tenir entre le moment où vous réalisez des achats et le moment où votre client paie. Selon votre activité, vous aurez peut-être besoin de constituer un stock et d'accorder des délais de règlement à vos clients. Ces sommes en attente de règlement constitueront des créances clients. Si vos fournisseurs vous accordent des délais de règlement, vous aurez des dettes fournisseurs.

2. Recenser deux types de ressources stables

- des financements propres que vous apporterez ;
- des financements externes que vous devrez trouver, soit auprès des banques (prêt à moyen ou long terme), soit auprès d'autres organismes (subvention, aide).

3. Assurer l'équilibre des emplois et des ressources

Si votre apport personnel est inférieur au total de vos besoins durables, vous devrez combler la différence par un financement externe. Rappelez-vous que vos prêteurs ne risqueront pas plus de fonds que vous-même. D'autre part, les banques ne financent en général que des immobilisations corporelles ; elles ne financeront donc ni vos immobilisations incorporelles, ni votre besoin en fonds de roulement.

Quels sont les capitaux nécessaires au lancement du projet ? Pourrais-je les réunir ?

Méthodologie et conseils

Le besoin en fonds de roulement est égal à :

stocks + créances clients - dettes fournisseurs

Pour le calculer, il faut évaluer les montants moyens de ces trois postes.

Dans une activité de prestation de services, le stock est remplacé par des travaux en cours correspondant aux charges courantes que vous devrez avancer avant de facturer vos prestations.

Une façon simple de diminuer le fonds de roulement consistera à demander un acompte lors de la commande. ■

Avantages

- Évaluer ses besoins au plus juste
- Limiter l'endettement en s'efforçant de fonctionner avec des fonds propres

Précautions à prendre

- Ne pas sous-estimer le besoin en fonds de roulement au risque d'être rapidement à court de trésorerie.

OUTIL 9

Seuil de rentabilité ou point mort

DÉFINITION DU SEUIL DE RENTABILITÉ

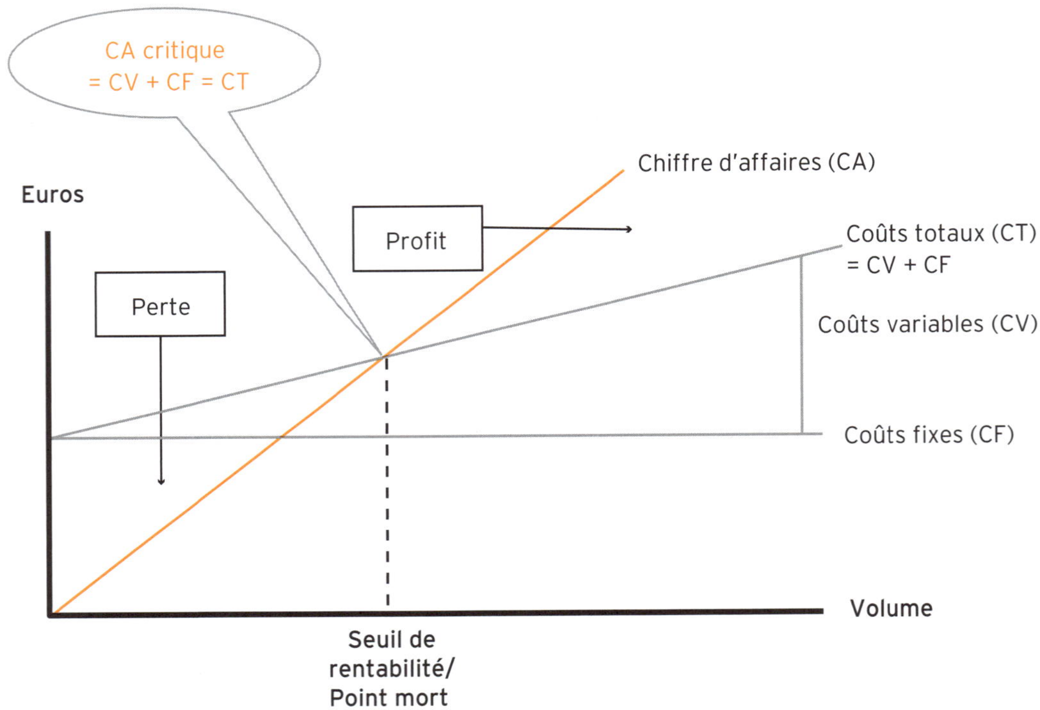

https://goo.gl/71WAQT

Vérifier l'efficacité de son marketing

En résumé

Le seuil de rentabilité, ou point mort, est un outil simple qui permet au micro-entrepreneur de s'assurer que sa structure de coûts est bien **compatible avec ses objectifs de chiffre d'affaires** à court terme.

Si ce n'est pas le cas, il devra en tirer des conséquences.

Insight

*The break-even point (or profitability threshold) is a simple tool enabling you, as a micro-entrepreneur, to ensure that your foreseen expense structure is truly compatible with your **short-term revenue goal**.*

If that is not the case, you should take corresponding measures.

Pourquoi l'utiliser ?

Objectif

Connaître le montant de chiffre d'affaires minimum qui assurera l'équilibre financier de votre micro-entreprise, ce qui équivaut à dégager un résultat nul.

Contexte

Si vous sollicitez un prêt ou une aide, vous devrez communiquer votre seuil de rentabilité à l'organisme financeur. Il doit figurer dans le business plan au même titre que le plan de financement initial.

Comment l'utiliser ?

Étapes

1. **Déterminer le montant total des ventes prévisionnelles à l'aide de votre étude de marché**
2. **Identifier ses charges variables et ses charges fixes**

Il s'agit de recenser les dépenses prévisionnelles pour réaliser votre activité. Certaines dépenses sont variables en fonction des quantités vendues, comme la consommation des matières, le temps main-d'œuvre. D'autres sont fixes, car indépendantes des volumes réalisés, comme le site Internet, les assurances, le local. Ces charges fixes seront à payer que vous réalisiez des ventes ou pas.

3. **Calculer la marge sur coût variable**

La marge sur coût variable = *Chiffre d'affaires - Coûts variables*

Le taux de marge sur coûts variables = *Marge sur coûts variables / Chiffre d'affaires*

Prenons l'exemple d'une entreprise qui vend un produit à 50 €, incorporant 30 € de coûts variables (matières première et main-d'œuvre), et ayant des coûts fixes annuels qui s'élèvent à 15 000 € (local et frais divers). Son chiffre d'affaires annuel est estimé à 80 000 €.

La marge sur coût variable du produit vendu est égale à : 50 € - 30 € = 20 €

Le taux de marge sur coût variable est de : 20 € / 50 €

4. **Calculer le seuil de rentabilité**

Le seuil de rentabilité s'exprime en termes de chiffre d'affaires ou de volume de ventes. Il se calcule ainsi :

Niveau d'activité pour lequel le micro-entrepreneur réalise ni perte ni bénéfice

En chiffre d'affaires : (*Coûts fixes / taux de marge sur coûts variables*) 15 000 € / (20 € / 50 €) = 37 500 €

En volume : (*Coûts fixes / Marge sur coûts variables*) 15 000 € / 20 € = 750 unités

Tant que le micro-entrepreneur ne dépasse pas un chiffre d'affaires de 37 500 €, ou un volume de ventes de 750 produits, son activité génère des pertes. Ce n'est que lorsque son chiffre d'affaires dépassera 37 500 €, ou ses ventes 750 produits, que son activité commencera à être bénéficiaire.

Méthodologie et conseils

En calculant son seuil de rentabilité, un micro-entrepreneur peut voir très rapidement si ses prévisions sont réalistes ou non.

Une fois qu'il a précisé son modèle économique, le micro-entrepreneur peut évaluer son indice de sécurité : **Chiffre d'affaires prévisionnel - Chiffre d'affaires du seuil de rentabilité) / Chiffre d'affaires prévisionnel.** Cela signifie que son chiffre d'affaires peut baisser de n % avant que l'activité ne soit en perte. ■

Avantages

- Le calcul du seuil de rentabilité est un excellent indicateur pour évaluer les futurs tarifs de ses produits ou de ses prestations de service.

Précautions à prendre

- Dans la réalité, les charges variables ne sont pas complètement proportionnelles, et les charges fixes pas toujours figées.

OUTIL 10

Établir ses tarifs

L'ARTICULATION DES COÛTS DE REVIENT ET DES MARGES

Achat et revente de biens en l'état	Coût de revient = prix d'achat + frais annexes + coût de stockage Marge = prix de vente – prix d'achat
Achat et revente de biens après transformation	Coût de revient = prix d'achat + frais annexes + coût de stockage + coût horaire du travail Marge = prix de vente – prix d'achat – coûts de transformation
Ventes de services	Coût de revient = taux horaire ou forfait journalier minimum + charges sociales et impôts + frais accessoires Marge = prix de vente – charges et frais divers

En résumé

Deux approches permettent d'identifier un prix de vente. L'approche directe résulte de l'étude de marché. L'approche indirecte consiste à évaluer le coût de revient du produit ou du service vendu, et d'ajouter la marge souhaitée. Le prix de vente final émergera de la confrontation de ces deux approches.

Insight

Two approaches help you determine your sales price. The direct approach is based on the market study. The indirect approach consists in evaluating the cost of goods or services sold, and to add the desired profit margin. The ultimate selling price emerges from confronting these two approaches with one another.

Pourquoi l'utiliser ?

Objectif

Le prix de vente que vous allez pratiquer va directement conditionner la marge du bien ou du service que vous allez vendre, et donc l'avenir de votre activité.

Contexte

L'équation « *Prix de vente = Coût de revient + Marge* » est incontournable. On peut considérer que le prix de vente est la résultante de la somme des 2 composantes. On peut déterminer le prix de vente en fonction du marché et, il en résulte une « *Marge = Prix de vente - Coût de revient* ». Enfin, on peut décider d'arriver à un Coût de revient cible = « *Prix de vente (marché) - Marge* ».

Comment l'utiliser ?

Étapes

1. Connaître son coût de revient

Le coût de revient regroupe l'ensemble des dépenses engagées pour réaliser le produit ou le service vendu :

- Achats : matière, assurance, loyer...
- Transformation : main-d'œuvre, sous-traitance, matériel, électricité...
- Distribution : emballage, frais de port...
- Administration : impression, documentation...

Exemple de calcul de coût de revient pour la fabrication et la vente de bracelets en perles :

- *Coûts d'achat : perles, fils de nylon, fermoirs, emballages, frais postaux.*
- *Main-d'œuvre : temps passé pour réaliser les bracelets.*
- *Coûts logistiques : emballages, expédition.*
- *Autres frais : % à ajouter pour les frais d'électricité, de site internet, de loyer.*

2. Estimer sa marge

La marge est égale au prix de vente moins votre coût de revient. À minima, elle doit couvrir votre salaire, s'il n'est pas déjà intégré dans votre coût de revient.

Méthodologie et conseils

Pour construire votre politique de prix de vente, ne vous contentez pas de l'adage « c'est le marché qui fixe le prix ». Nous pouvons dégager quelques orientations :

Un prix de vente ne s'estime pas au jugé, il se calcule.

- **Prix de vente et coût de revient.** L'élasticité du prix de vente ou le positionnement par rapport à la concurrence peut avoir une forte influence sur les quantités vendues.
- **Prix de vente et propriété du produit.** Certains produits ou services échappent à la logique habituelle du fait d'un phénomène de mode ou de marque; la clientèle accepte de payer un prix de vente supérieur.
- **Prix de vente et péréquation.** Pour obtenir un nouveau client, on peut accepter de vendre à un prix très attractif. Cette pratique ne pouvant être généralisée, il faut effectuer une péréquation avec les autres offres.
- **Prix de vente et niveau de qualité.** Si on veut que le client voie la correspondance entre le niveau de qualité et le prix de vente, il faut établir de fortes différences entre les produits.
- **Prix de vente et gestion client.** Dans certains métiers, le service est mieux perçu par le client pour certains produits pour lesquels il est prêt à payer plus et inversement.
- **Prix de vente et spectre de décision.** Chez certains clients, les circuits de décision intègrent plusieurs décideurs qui peuvent avoir des critères différents de jugement. Lorsqu'on identifie le principal décideur, on tient compte de ce qui lui tient le plus à cœur pour établir le prix de vente final. ■

Avantages

- Connaître sa marge est utile lors d'une négociation commerciale.

Précautions à prendre

- Vendre systématiquement moins cher que ses concurrents ne résulte pas forcément d'un bon calcul.

DOSSIER

2 LA MICRO-ENTREPRISE

Le terme de micro-entreprise possède deux significations :
Tout d'abord, selon la définition de la commission européenne et de l'INSEE (Institut national de la statistique et des études économiques) *une micro-entreprise est une entreprise occupant moins de 10 personnes, et qui a un chiffre d'affaires annuel ou un total de bilan n'excédant pas 2 millions d'euros.*

Source : www.insee.fr/fr/methodes/default.asp?page=definitions/microentreprise.htm

Plus spécifiquement en France, cette appellation désigne aussi une entreprise individuelle (personne physique) soumise au régime micro-social et micro-fiscal. Ce régime, limité en termes de chiffre d'affaires, offre l'avantage de la simplicité de gestion, des charges sociales et fiscales plus légères et la franchise de TVA.

Ce livre est uniquement consacré à cette seconde définition de la micro-entreprise.

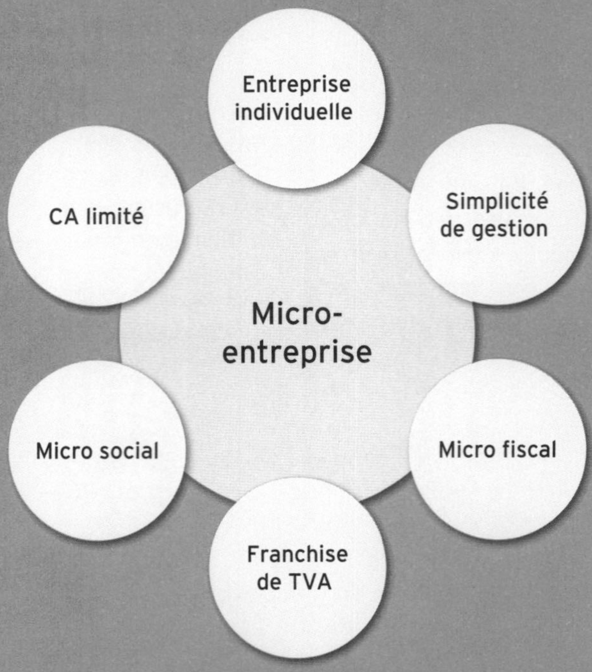

Que deviennent les auto-entrepreneurs ?

Depuis le 1er janvier 2016 les auto-entrepreneurs sont devenus des micro-entrepreneurs. Mais à part la modification de leur appellation, rien ne change pour eux.

En effet, la volonté d'uniformisation et de simplification de l'état pour les très petites entreprises (TPE), passe par la fusion des régimes auto et micro-entreprises. Toutefois, malgré cette volonté affichée, cette fusion ne sera définitivement effective qu'en 2020.

Les auto-entrepreneurs n'ont donc pas d'inquiétude à avoir concernant leur régime actuel.

Qui sont ces nouveaux micro-entrepreneurs ?

Depuis 2016, les micro-entreprises déjà installées ou nouvellement créées, se voient bénéficier des avantages de simplification qui étaient ceux des auto-entreprises avant cette date.

Cela concerne principalement les modes de calcul des cotisations sociales et du paiement de l'impôt.

La nouvelle règlementation concerne donc plus les micro-entrepreneurs que les anciens auto-entrepreneurs.

Identifier les caractéristiques du régime

Avant de s'engager sur la voie de la création d'une micro-entreprise, il est important d'en connaître les contours et les principales caractéristiques juridiques, fiscales et sociales.

La première approche consiste déjà à bien comprendre le jargon administratif employé dans le monde de la création d'entreprise et ainsi pouvoir évoluer sans difficulté dans l'avancement de son projet.

LES OUTILS

OUTIL 11

Statut, régime et activité

ARTICULATION

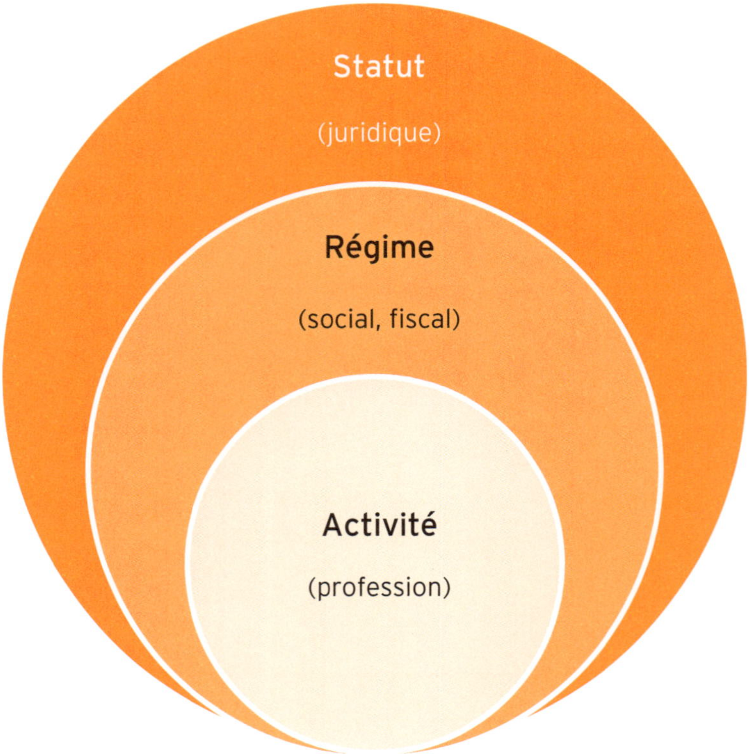

En résumé

Distinguer les différentes notions juridiques, sociales et fiscales de l'exercice d'une profession au sein d'une entreprise.

Anticiper le positionnement de sa future entreprise dans le système administratif français.

Insight

Distinguish a series of legal, social and fiscal terms associated with exerting your profession in a small-business framework.

Anticipate your future business's positioning within the French administrative system.

Pourquoi l'utiliser ?

Objectif

Certaines imprécisions de langage engendrent la confusion, et la confusion peut être source d'erreurs. Il est donc utile de clarifier les termes du monde de l'entreprise et ainsi maîtriser le jargon administratif auquel le futur chef d'entreprise sera quotidiennement confronté.

Contexte

Sans être complexe, la création d'une entreprise peut en rebuter plus d'un, ne serait-ce que pour s'y retrouver dans les différentes formes d'entreprises existant en France.

Comment l'utiliser ?

Étapes

› **Identité.** C'est le type de « personne » représentant l'entreprise : **personne physique** dans le cas d'une entreprise individuelle, dont la responsabilité repose sur la tête d'un seul individu ; **personne morale** dans le cas d'une société, dont la responsabilité est généralement limitée au capital déposé.

› **Forme. Entreprise individuelle** s'il s'agit d'une personne physique ; **société** s'il s'agit d'une personne morale.

› **Statut.** La notion de statut est **juridique**. Il existe différents statuts juridiques pour chaque forme d'entreprise notamment pour les personnes morales où ceux-ci sont plus nombreux.

› **Régime.** Chaque entreprise se voit soumise à un régime **social** et un régime **fiscal** particuliers. Ceux-ci peuvent différer en fonction des statuts juridiques, mais aussi suivant une option prise volontairement par le chef d'entreprise En France, on distingue principalement deux grands régimes, celui des travailleurs salariés (TS) et celui des travailleurs non salariés (TNS).

› **Activité.** Cela représente le **type d'activité professionnelle** exercée au sein de l'entreprise. Plusieurs activités pouvant éventuellement être exercées (sous condition) au sein d'une même entreprise, celle qui générera le plus gros CA sera dite activité principale.

Assimiler le langage de l'administration pour mieux se retrouver dans les différentes appellations.

Méthodologie et conseils

L'activité choisie et ses conditions d'exercice déterminent le choix du statut juridique.

Cela signifie que pour s'installer en tant que micro-entrepreneur, le porteur de projet a préalablement fait le choix d'une activité professionnelle pouvant être réalisée en entreprise individuelle, non exclue du régime, sans associés ou salariés, avec un plafond de chiffre d'affaires limité, sans possibilité de déduire des frais ou des investissements relatifs à l'exercice de cette profession.

Le porteur de projet fait aussi un choix personnel de ses conditions de travail :

› être indépendant ;

› Un CA limité et donc un revenu limité ;

› une simplicité de gestion grâce à de faibles contraintes administratives ;

› des charges sociales et fiscales relativement faibles.

Le choix de la micro-entreprise peut également être fait pour tester une idée avec un minimum de risques, puis évoluer vers une autre forme d'entreprise afin de développer son activité. ■

Avantages

- Maîtriser le processus de sélection d'une structure d'entreprise.
- Comprendre les impacts d'un choix de structure telle qu'une micro-entreprise.
- Envisager les conditions d'une évolution future de l'exercice de son activité.

Précautions à prendre

- Ne pas se focaliser uniquement sur l'aspect charges sociales ou sur le volet de la simplicité administrative.

SUITE OUTIL 11 →

Statut, régime et activité

Comment être plus efficace ?

Panorama des principales structures d'entreprises

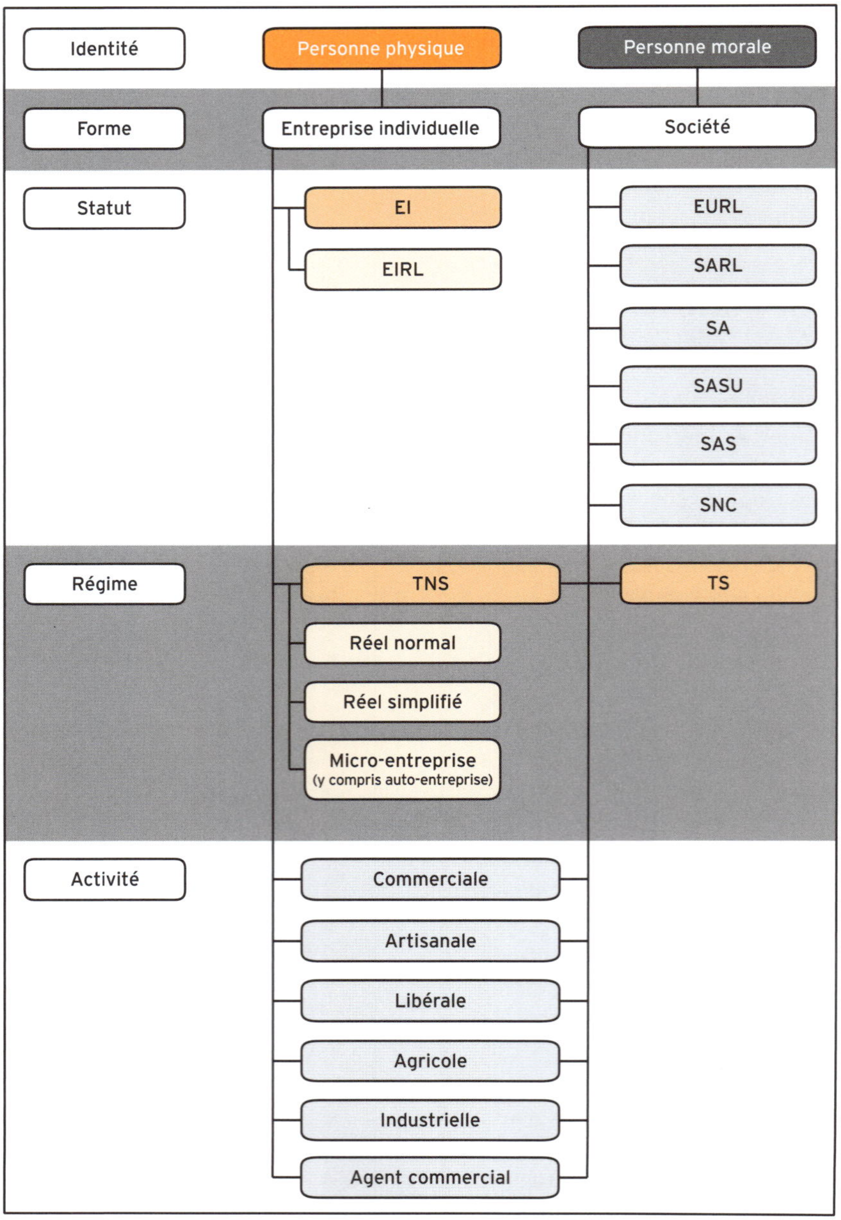

CAS du Cadre administratif d'une micro-entreprise

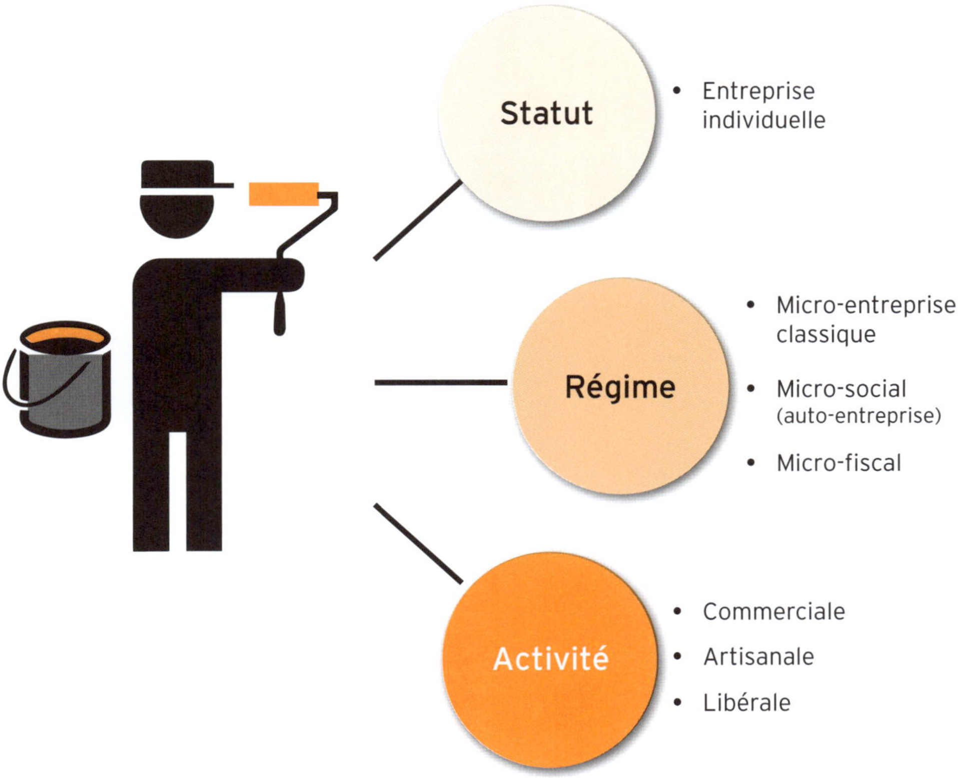

Au final, il faut comprendre que la micro-entreprise est juridiquement une entreprise individuelle (personne physique), bénéficiant d'un régime micro-fiscal particulier.

OUTIL 12

Statut juridique de l'entrepreneur individuel

CARACTÉRISTIQUES

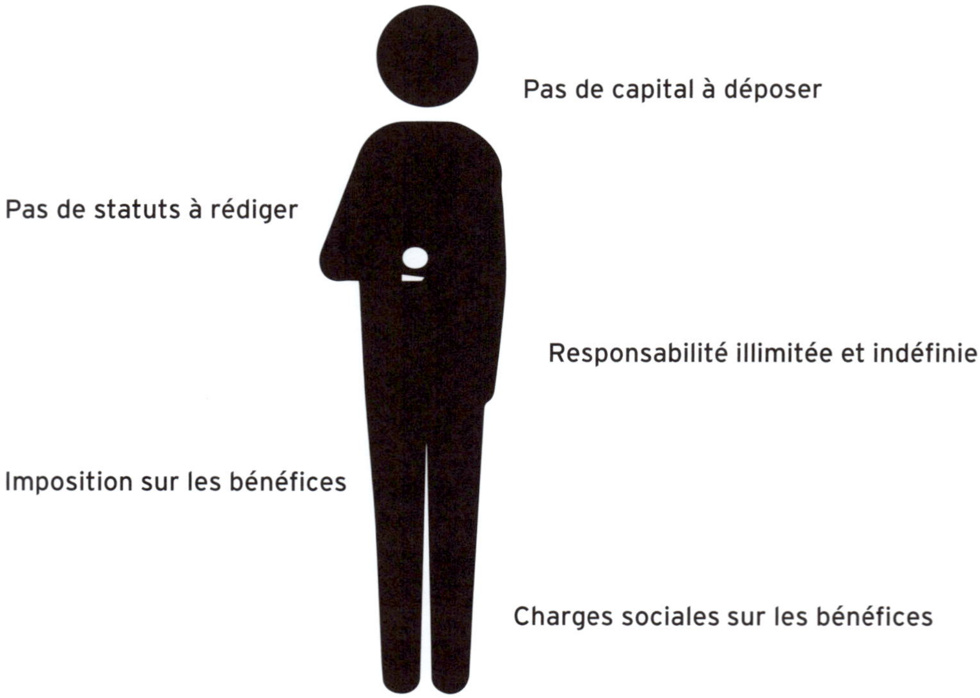

Personne physique

En résumé

Un statut **accessible à tout porteur de projet** désireux de créer une entreprise sans s'encombrer d'une gestion administrative lourde.

Les points clés qui caractérisent le statut juridique de l'entrepreneur individuel.

Insight

*This is a status that is **accessible to anyone who has a project** and wants to start a business without having to go through an inordinate amount of red tape.*

These are the key points that characterize the legal status of the self-employed entrepreneur.

Pourquoi l'utiliser ?

Objectif

L'entreprise individuelle est la structure juridique la plus simple pour créer une entreprise en France. De sa déclaration à son exploitation, les démarches sont plus légères que dans le cas d'une société. Cette forme d'entreprise est donc adaptée au porteur de projet qui recherche l'indépendance et la simplicité de gestion.

Contexte

L'activité dans une entreprise individuelle s'exerce en **nom propre**, ce qui signifie que la personnalité juridique de l'entreprise est confondue avec celle de l'exploitant. Il ne peut exister qu'une seule entreprise individuelle par personne physique.

D'autre part au-dessous de certains plafonds de CA déterminés par l'activité exercée (cf. Outil 14), l'entreprise individuelle permet d'opter pour le régime de la micro-entreprise et bénéficier d'une grande simplicité administrative et de charges plus légères.

Comment l'utiliser ?

Étapes

› **Déposer un capital.** Aucun capital social n'est demandé lors de la création d'une entreprise individuelle, il n'y a donc pas de fonds à déposer

› **Rédiger ses statuts.** Aucun statut à rédiger puisqu'il ne s'agit pas d'une personne morale.

› **Se rémunérer.** L'exploitant se rémunère par simples prélèvements sur son compte bancaire dédié à l'activité.

› **Calculer son imposition.** L'entrepreneur individuel est imposé comme un salarié à l'IRPP (impôt sur le revenu des personnes physiques), soit après abattement forfaitaire (micro-entreprise), soit par prélèvement libératoire (auto-entreprise).

› **Calculer ses charges sociales.** Celles-ci sont calculées sur son bénéfice imposable en fonction de taux variables suivant l'activité.

› **Définir ses limites de responsabilité.** L'exploitant dispose des pleins pouvoirs mais sa responsabilité est illimitée et indéfinie vis-à-vis de ses créanciers professionnels. Il est donc responsable sur ses biens propres sauf dispositif particulier.

S'installer en tant qu'indépendant avec un minimum de formalités administratives.

Méthodologie et conseils

L'indépendance étant la caractéristique première d'une entreprise individuelle, il faut donc être capable d'assumer seul l'ensemble des responsabilités qui incombent à un chef d'entreprise.

La responsabilité de l'exploitant face à ses créanciers (administration, fournisseurs, etc.) étant illimitée et indéfinie, il est conseillé de mettre en place quelques dispositifs (cf. Outil 18) visant à réduire cette responsabilité. Il est à noter que depuis la loi pour la croissance, l'activité et l'égalité des chances économiques du 6 août 2015, la résidence principale de l'exploitant est de fait rendue insaisissable. ■

Avantages

- Maîtriser le processus de sélection d'une structure d'entreprise.
- Comprendre les impacts d'un choix de structure telle qu'une micro-entreprise.
- Envisager les conditions d'une évolution future de l'exercice de son activité.

Précautions à prendre

- Ne pas se focaliser uniquement sur l'aspect charges sociales ou sur le volet de la simplicité administrative.

OUTIL 13

Les activités BIC - BNC

RÉPARTITION

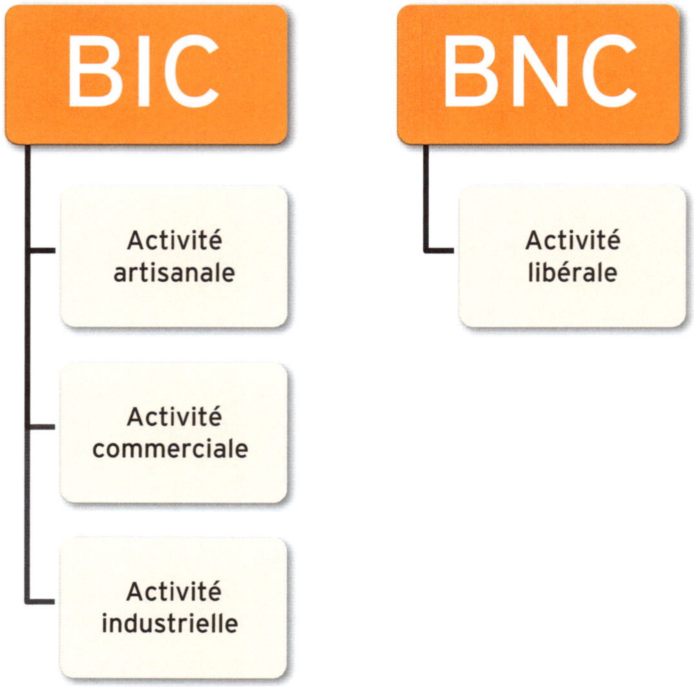

En résumé

Les régimes BIC et BNC définissent les **systèmes de calcul du bénéfice imposable**.
Le choix de l'activité détermine l'appartenance à l'un ou l'autre de ces régimes.

Insight

*The BIC (Industrial and Commercial Benefits) and BNC (Non-Commercial) **taxation systems** define how your **taxable profit** is calculated.*
Your choice of business activity decides under which status you are to be taxed.

Pourquoi l'utiliser ?

Objectif

Les bénéfices industriels et commerciaux (BIC) concernent l'imposition des personnes physiques exerçant une activité industrielle, commerciale ou artisanale.

Les bénéfices non commerciaux (BNC) concernent essentiellement l'imposition des activités libérales, mais également les revenus activités particulières tels que les droits d'auteur ou ceux des charges et offices (huissier, notaire, etc.).

Contexte

Les micro-entrepreneurs et auto-entrepreneurs seront de fait soumis au régime spécial d'imposition BIC (appelé aussi micro BIC) ou spécial BNC (appelé aussi micro BNC) suivant l'activité qu'ils exercent.

Le micro-entrepreneur au régime du forfait verra son CA brut soumis à un abattement forfaitaire pour frais professionnels dépendant du type d'activité exercée (cf. Outil 17), afin de déterminer son bénéfice imposable.

Le micro-entrepreneur au régime micro-fiscal pourra bénéficier, sous conditions de revenus, du prélèvement libératoire de l'impôt à taux très faible, appliqué sur son CA brut.

Comment l'utiliser ?

Étapes

1. **Créer une activité artisanale**

› Activité de production, de transformation ou de prestation de services relevant de l'artisanat et nécessitant un savoir-faire particulier.

Les activités relevant de l'artisanat sont répertoriées sur le site de la chambre des métiers : www.cfe-metiers.com/HTM/activites.aspx.

2. **Créer une activité commerciale**

› Activité d'achat et de revente de biens en l'état (commerce de gros, de détail).

› Vente de prestations de services commerciales (location immobilière, hôtellerie-restauration, ...)

3. **Créer une activité industrielle**

› Activité de production ou de transformation par des moyens industriels, manutention et stockage.

4. **Créer une activité libérale**

› Activité de prestations de services intellectuelles, techniques ou de soins pouvant requérir des qualifications professionnelles.

La nature de l'activité d'une micro-entreprise détermine son appartenance à la catégorie BIC ou BNC.

Méthodologie et conseils

Avant toute chose, vérifier que l'activité qui sera exercée en micro-entreprise est bien compatible avec ce régime particulier.

Il existe, en effet, des activités exclues de ce régime (cf. Outil 14) et d'autres réglementées. Dans un second temps, c'est la nature même de l'activité qui décidera si le CA générée par celle-ci relève des BIC ou des BNC. Les plafonds de CA et les bases d'imposition étant très différents, il est important pour le futur micro-entrepreneur de savoir à quoi s'attendre sur le plan fiscal.

Le respect de cette classification s'imposera également à lui au moment de remplir le formulaire de déclaration d'impôt 2042 C Pro.

› *Téléchargez la déclaration complémentaire des revenus sur le site www.impots-gouv.fr.* . ■

Avantages

- Comprendre les conséquences fiscales dues à cette répartition des activités professionnelles.
- Pouvoir dissocier les CA générés par différentes activités éventuellement exercées au sein de la même micro-entreprise.

Précautions à prendre

- En cas d'exercice de multiples activités de nature différente, être capable d'anticiper l'incidence fiscale de chacune d'entre elles.

OUTIL 14

Les activités réglementées et les activités exclues

RÉPARTITION

Activités règlementées
en fonction d'un(e)

- Diplôme
- Qualification
- Réglementation

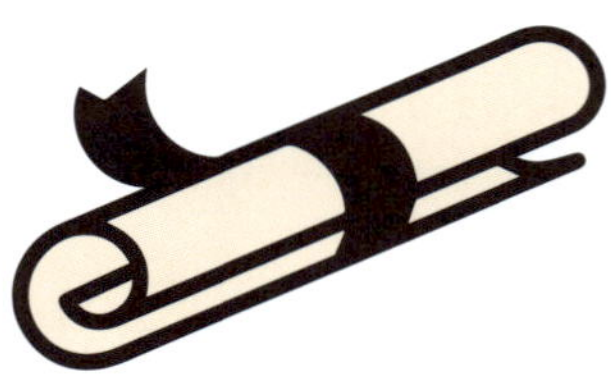

Activités exclues
du régime de la micro-entreprise

- Interdiction totale d'exercer

En résumé

Certaines **activités professionnelles** nécessitent la possession d'une qualification ou même d'un diplôme.

D'autres en revanche, ne peuvent être exercées sous le régime de la micro-entreprise.

Insight

Certain ***professional activities*** *require a qualification or even a diploma.*

Others, conversely, cannot be legally pursued under the French micro-enterprise status.

Pourquoi l'utiliser ?

Objectif

La simplicité de création et de gestion d'une micro-entreprise impose néanmoins quelques contraintes quant à l'exercice d'une activité professionnelle. Il est donc nécessaire de se renseigner sur la règlementation en vigueur avant de procéder à son immatriculation.

Contexte

On peut distinguer trois grandes catégories d'activités professionnelles :

- celles pouvant être exercées librement ;
- celles nécessitant de respecter une règlementation particulière, en imposant des critères spécifiques à chaque profession ;
- celles exclues d'un régime ou d'un statut particulier.

La liste des activités règlementées et celle des activités exclues, est définie par la loi et consultable sur le site de l'Agence France Entrepreneur.

Comment l'utiliser ?

Étapes

1. Identifier les activités réglementées

Principalement les activités relevant :

- de la réparation des véhicules ;
- de la construction et de l'entretien des bâtiments ;
- de la mise en place ou de l'entretien des réseaux de fluides, gaz, chauffage, installations électriques ;
- du ramonage ;
- des soins esthétiques ;
- de la fabrication des prothèses dentaires ;
- de la préparation ou la fabrication de produits frais ;
- du métier de maréchal-ferrant.

2. Identifier les activités exclues

Principalement les activités relevant :

- du domaine juridique ;
- du domaine médical ;
- du journalisme ;
- de la TVA agricole ;
- de la location de biens ou de matériels ;
- des marchés financiers ;
- de la production artistique

Méthodologie et conseils

- Dans le cas où l'activité choisie se situe à la limite d'une réglementation, et peut donc être source d'ambiguïté, il est important de la redéfinir clairement, et de s'y tenir dans sa phase d'exploitation, afin qu'elle entre dans le cadre légal recherché.
- Il est par exemple possible de réaliser la pose de prolongateurs de cils pour les femmes, sans pour autant dispenser des soins esthétiques ; ou effectuer des petits travaux d'entretien courant chez les particuliers, sans pour autant posséder un CAP de plombier ou d'électricien.
- Attention, cela suppose de ne pas dépasser certaines limites imposées par la loi. Ainsi, sans CAP d'électricien, je pourrai revisser la plaque murale d'une prise électrique ou changer des ampoules, mais en aucun cas refaire un tableau électrique !
- Enfin, effectuer systématiquement une recherche du code **APE** dans la base **NAF** de l'INSEE (*http://recherche-naf.insee.fr*). ■

Toujours vérifier le cadre légal dans lequel peut s'exercer une activité professionnelle

Avantages

- Vérifier que l'activité pourra bien être exercée en tant que micro-entrepreneur.
- Cela peut éviter de futurs problèmes avec l'administration ou des concurrents très vigilants.

Précautions à prendre

- Rédiger avec précision la description de la future activité de son entreprise, sur le formulaire de demande d'immatriculation.
- Que le code APE corresponde bien à l'activité que l'on souhaite exercer.

OUTIL 15

Les plafonds de chiffre d'affaires

EN FONCTION DU TYPE D'ACTIVITÉ

Vente de biens

82 200 €*

Prestation de services

32 900 €*

* Plafonds susceptibles d'être revus chaque année

En résumé

Afin de pouvoir bénéficier du régime plus favorable de la micro-entreprise, il faut que le CA brut réalisé ne dépasse pas un certain plafond. Ce plafond dépend du type d'activité exercée.

Insight

In order to be able to benefit from the more beneficial micro-business status, your annual gross revenue should not exceed a certain limit: a figure that depends on your type of activity.

Pourquoi l'utiliser ?

Objectif

Le régime micro fiscal impose une limitation de plafond de chiffre d'affaires à ne pas dépasser chaque année, au risque de basculer automatiquement dans le régime réel simplifié et d'être assujetti à la TVA.

Contexte

La micro-entreprise doit respecter le plafond de CA autorisé en fonction de son activité, afin de bénéficier des avantages liés à ce régime.

Le montant total du CA est évalué du 1er janvier au 31 décembre de la même année. Si la micro-entreprise est créée en cours d'année, le CA sera alors calculé au *prorata temporis*.

Cas où le CA dépasse le plafond autorisé :

› si le dépassement reste en-dessous du seuil de tolérance de 90 300 € pour les activités de vente de biens ou de 34 900 € pour les activités de services, le micro-entrepreneur conserve le bénéfice de son régime, à condition que ce dépassement n'intervienne pas dès la 1re année et qu'il n'ait pas lieu 2 années consécutives ;

› si le dépassement est supérieur aux seuils de tolérance énoncés ci-dessus, alors le micro-entrepreneur perd le bénéfice du régime micro et devra facturer de la TVA dès le 1er jour de dépassement.

Comment l'utiliser ?

Étapes

1. **Activités de vente.** Achat-revente de marchandises, d'objets, d'aliments à emporter ou à consommer sur place, ou de fourniture de logement (hôtels, chambres d'hôtes...).

2. **Activités de services.** Les autres prestataires de services relevant des bénéfices industriels et commerciaux (BIC). Les professionnels libéraux relevant des bénéfices non commerciaux (BNC).

3. **Activités mixtes.** Dans le cas d'activités mixtes (vente et services), le micro-entrepreneur devra respecter le plafond maximum défini pour son activité dite principale. Il devra ensuite répartir le CA réalisé par chaque type d'activité et vérifier que le plafond de chacune d'entre elles ne dépasse pas le plafond autorisé qui lui correspond. Enfin, la somme des CA des deux activités ne devra en aucun cas dépasser le plafond imposé par l'activité dite principale

Le chiffre d'affaires comprend la totalité des sommes facturées sans aucune déduction.

Méthodologie et conseils

Tout dépassement du plafond de CA peut entraîner de la part de l'administration fiscale une requalification du régime d'imposition, un assujettissement à la TVA et des obligations comptables plus lourdes.

Si c'est possible, démarrer son activité de micro-entrepreneur en début d'année civile, afin d'éviter le calcul du CA au *prorata temporis* et aussi bénéficier de l'exonération de la cotisation foncière des entreprises sur douze mois pleins.

› Exemple en cas d'activités mixtes :

Un micro-entrepreneur ayant pour activité principale la vente de biens est soumis au plafond de 82 200 €. Il réalise 58 600 € de CA grâce à cette activité principale. Parallèlement il souhaite intervenir dans le domaine de la prestation de services ; le montant de CA alors disponible pour cette activité secondaire sera alors de : 82 200 € – 58 600 € = 23 600 €. ■

Avantages

- Bénéficier d'un régime fiscal simplifié, par abattement forfaitaire ou prélèvement libératoire selon que l'on est micro-entrepreneur ou auto-entrepreneur.

Précautions à prendre

- Contrôler les éventuels dépassements sur une année civile afin d'éviter de perdre le bénéfice d'un régime fiscal avantageux.

OUTIL 16

Le régime social

2 RÉGIMES DISTINCTS JUSQU'EN 2020

Micro-entrepreneur	(ex) Auto-entrepreneur
• Taux applicables après abattement forfaitaire • Possibilité d'opter pour le régime micro social	• Régime micro social obligatoire • Taux applicables sur le CA réalisé en fonction de l'activité

Possibilité d'opter pour le régime réel simplifié tout en restant en franchise de TVA

En résumé

La fusion de la micro-entreprise classique avec le régime micro social n'interviendra qu'en 2020.

D'ici-là, les micro-entrepreneurs pourront conserver leur régime social classique ou opter volontairement pour celui des auto-entrepreneurs.

Insight

The traditional "micro-business" status will only be merged with the micro-social status in 2020.

Until then, micro-entrepreneurs can either preserve their former taxation status or voluntarily opt to be considered as auto-entrepreneurs.

Pourquoi l'utiliser ?

Objectif

Le régime social des micro-entrepreneurs est différent suivant que l'on est un micro-entrepreneur classique ou un auto-entrepreneur. Cette différence devrait disparaître en 2020, date à laquelle les micro-entrepreneurs classiques devront adopter le régime micro-social des auto-entrepreneurs.

Contexte

L'organisme qui gère la couverture sociale (retraite, maladie, invalidité-décès) des TNS est le RSI (Régime social des indépendants - *http://www.rsi.fr*). Exception faite du cas particulier des professions libérales dont le régime de retraite est géré par la CIPAV (Caisse interprofessionnelle de prévoyance et d'assurance vieillesse - *http://service.cipav-retraite.fr*).

Les micro-entrepreneurs classiques ont des charges sociales calculées après abattement appliqué sur leur chiffre d'affaires, suivant l'activité exercée. Le paiement des cotisations s'effectue dans un premier temps par un versement provisionnel régularisé l'année suivante lorsque le CA est connu.

Les ex auto-entrepreneurs paient leurs charges sociales en fonction d'un taux appliqué directement sur leur chiffre d'affaires brut, dépendant de leur activité. Le paiement des cotisations s'effectue mensuellement ou trimestriellement au fur et à mesure que le CA est connu. **Si le CA est égal à zéro, il n'y a aucune cotisation à verser.**

Comment l'utiliser ?

Étapes

1. **Créer une micro-entreprise au forfait**

Cotisations calculées sur le CA réalisé après abattement forfaitaire de :

› **71 %** du CA pour une activité de vente de biens ou de fourniture de logement.

› **50 %** du CA pour une autre activité relevant des bénéfices industriels et commerciaux (BIC).

› **34 %** du CA pour une activité libérale (BNC).

2. **Créer une micro-entreprise (ex) auto-entreprise**

Cotisations calculées sur le CA réalisé le mois ou le trimestre précédent.

La protection sociale des TNS est moins bonne que celle des TS, mais les taux de cotisation sont plus faibles.

Méthodologie et conseils

› Le régime classique des micro-entreprises, plus ancien que celui des auto-entreprises, apparaît comme étant moins favorable. C'est pourquoi une unification de ces deux régimes est prévue pour 2020 (initialement celle-ci était programmée pour 2016), afin que tous bénéficient du régime plus avantageux des auto-entrepreneurs. En contrepartie, ces derniers perdraient leur nom et deviendraient des micro-entrepreneurs.

› Depuis le 1er janvier 2016, les micro-entrepreneurs classiques bénéficient automatiquement du régime micro-social identique à celui des auto-entrepreneurs. Ils peuvent toutefois conserver, s'ils le souhaitent, leur ancien régime forfaitaire jusqu'en 2020.

› Les deux premières années d'activité, les cotisations sociales sont calculées forfaitairement pour les micro-entreprises classiques et régularisées la troisième année. Les auto-entrepreneurs qui bénéficient de l'ACCRE (cf. Outil 23) auront des charges sociales réduites progressives durant les trois premières années. ■

Avantages

- Le régime micro social se veut moins onéreux et plus simple.

Précautions à prendre

- Le régime micro social présente plusieurs contraintes qui peuvent ne pas correspondent à la situation particulière d'une activité.

SUITE OUTIL 16 →

Le régime social

Comment être plus efficace ?

Taux des cotisations sociales 2016 applicables sur le CA réalisé

Micro-entrepreneur / Auto-entrepreneur				
Activité	Taux de cotisations	Bénéficiaires de l'ACCRE		
		1re année	2e année	3e année
Vente de marchandises Fournitures de denrées Fourniture de logement	13,40 %	3,40 %	6,70 %	10,10 %
Prestations de services commerciales ou artisanales	23,10 %	5,80 %	11,50 %	17,40 %
Activités libérales RSI	23,10 %	5,80 %	11,50 %	17,40 %
Activités libérales CIPAV	22,90 %	5,80 %	11,50 %	17,20 %

Cotisation au titre de la formation professionnelle	
Activité commerciale (RSI - BIC)	0,10 % sur la totalité du CA réalisé
Activité artisanale (RSI - BIC)	0,30 % sur la totalité du CA réalisé
Activité libérale (CIPAV - BNC)	0,20 % sur la totalité du CA réalisé

CAS d'un micro-entrepreneur ayant une activité de prestations de services commerciales réalisant un CA de 30 000 €

	Régime micro-social	Régime du forfait			
Base de calcul	30 000 €	30 000 € x 50 % soit 15 000 €			
		Cotisation	Base de calcul	Taux	Montant
Taux applicables	23,10 %	Maladie maternité	15 000 €	6,50 %	975 €
		Indemnités journalières	15 446 €	0,70 %	108 €
		Retraite de base	15 000 €	17,65 %	2 648 €
		Retraite complémentaire	15 000 €	7,00 %	1 050 €
		Invalidité décès	15 000 €	1,30 %	195 €
		Allocations familiales	15 000 €	2,15 %	323 €
		CSG - RDS	15 000 €	8,00 %	1 680 €
	0,10 %	Formation professionnelle	38 616 € (100 % du PASS)	0,25 %	97 €
Cotisation	**6 960 €**		**7 076 €**		

OUTIL 17

Le régime fiscal

LE RÉGIME D'IMPOSITION DÉPEND SURTOUT D'UN CHOIX

Micro-entrepreneur

- Imposition sur le bénéfice après abattement forfaitaire
- Prélèvement libératoire sur le CA brut si option micro social

(ex) Auto-entrepreneur

- Prélèvement libératoire sur le CA brut
- Imposition sur le bénéfice après abattement forfaitaire si prélèvement libératoire impossible

En résumé

Des options fiscales qui doivent être choisies en fonction de la situation personnelle du chef d'entreprise.

Options qui pourront être modifiées d'une année sur l'autre.

Insight

Fiscal options should be chosen according to the managing director's personal situation.

They can be modified from one year to the next.

Pourquoi l'utiliser ?

Objectif

Micro-entreprises et auto-entreprises sont imposées sur leur bénéfice. Le calcul de l'imposition est cependant différent suivant le régime social dont ils dépendent.

Contexte

Les micro-entrepreneurs gardent le choix jusqu'en 2020 de conserver leurs régimes fiscal et social actuels ou d'opter pour ceux des ex auto-entrepreneurs.

Si cette option n'est pas exercée, ils devront porter la totalité du bénéfice réalisé sur leur déclaration de revenus 2042 C Pro et l'administration fiscale se chargera d'appliquer l'abattement forfaitaire pour définir la base de calcul de l'impôt.

Les ex auto-entrepreneurs déclareront trimestriellement ou mensuellement leur CA sur le site en ligne de l'URSSAF et se verront appliquer le prélèvement libératoire d'après un taux défini par leur activité (sous condition du revenu du foyer fiscal de référence).

Comment l'utiliser ?

Étapes

1. **Micro-entreprise**

Comme pour les cotisations sociales, le revenu imposable du micro-entrepreneur est calculé après un abattement forfaitaire de :

- **71 %** du CA pour une activité de vente de biens ou de fourniture de logement ;
- **50 %** du CA pour une autre activité relevant des bénéfices industriels et commerciaux (BIC) ;
- **34 %** du CA pour une activité libérale (BNC).

› Les micro-entrepreneurs peuvent opter pour le prélèvement libératoire de l'impôt à condition d'adopter également le régime micro-social.

2. **(ex) Auto-entreprise**

Prélèvement libératoire de l'impôt si le revenu fiscal de référence de l'avant dernière année est inférieur ou égal, pour une part de quotient familial, à la limite supérieure de la troisième tranche du barème de l'impôt sur le revenu de l'année précédente. Cette limite est majorée de 50 % ou de 25 % par demi-part ou quart de part supplémentaire :

- **1 %** du CA pour une activité de vente de biens ou de fourniture de logement ;
- **1,7 %** du CA pour une autre activité relevant des bénéfices industriels et commerciaux (BIC) ;
- **2,2 %** du CA pour une activité libérale (BNC).

› Si le revenu fiscal de référence est supérieur au barème ci-dessus, l'auto-entrepreneur devra déclarer ses revenus sur sa 2042 C Pro et se verra appliquer l'abattement forfaitaire des micro-entreprises.

En auto-entreprise, le CA brut constitue le revenu imposable.

Méthodologie et conseils

L'option pour le prélèvement libératoire de l'impôt peut être modifiée pour l'année suivante en effectuant une demande au centre de paiement du RSI au plus tard le 31 décembre de l'année en cours.

Dans le cas où le micro-entrepreneur est non imposable, l'option du prélèvement libératoire n'est pas intéressante. ■

Avantages

- Bénéficier d'un régime fiscal simplifié, par abattement forfaitaire ou prélèvement libératoire selon l'option choisie.

Précautions à prendre

- Contrôler les éventuels dépassements sur une année civile afin d'éviter de perdre le bénéfice d'un régime fiscal avantageux.

SUITE OUTIL 17 →

Le régime fiscal

Comment être plus efficace ?

Choisir le bon régime en fonction de sa situation

Tout d'abord, le régime fiscal auquel est soumis un entrepreneur individuel dépend du type d'activité exercé mais aussi du chiffre d'affaires réalisé :

› micro-fiscal lorsque le CA ne dépasse pas 32 900 € pour les prestations de service ou 80 200 € pour les ventes de biens;

› réel simplifié (appelé aussi déclaration contrôlée pour les professions libérales) lorsque le CA se situe entre 32 900 € et 236 000 € pour les prestations de services ou entre 80 200 € et 783 000 € pour les ventes de biens;

› réel normal lorsque le CA se situe au-delà de 236 000 € pour les prestations de services ou de 783 000 € pour les ventes de biens.

Le micro-entrepreneur étant soumis automatiquement au régime micro-fiscal, si l'option du prélèvement libératoire de l'impôt ou l'abattement forfaitaire de son CA se révèle inintéressant fiscalement, il a alors la possibilité de choisir le régime réel simplifié tout en conservant le bénéfice de la franchise de TVA si son CA ne dépasse pas les seuils imposés par le régime micro (à l'exception des entreprises du bâtiment nouvellement créées). En revanche, la sortie du régime micro-fiscal entraîne de fait celle du régime micro-social.

Le choix du régime réel dépend principalement du montant des dépenses que le micro-entrepreneur est contraint de réaliser pour exercer son activité. Il aura alors la possibilité de déduire certaines dépenses de fonctionnement comme :

– les frais d'installation ;
– les frais inhérents aux locaux professionnels ;
– les achats de matériels et de mobilier ;
– les achats de fournitures ;
– les frais d'entretien et de réparation ;
– les charges sociales ;
– les honoraires rétrocédés ;
– les intérêts d'emprunt ;
– les frais de déplacement ;
– les primes d'assurances ;
– etc.

De plus, le micro-entrepreneur pourra adhérer à un centre ou une association de gestion agréée afin de bénéficier d'avantages fiscaux.

En contrepartie, il est soumis à l'obligation de tenir une comptabilité de trésorerie (recettes - dépenses) et de remplir une déclaration 2031 (BIC) ou 2035 (BNC) en plus de la déclaration de revenu 2042.

CAS d'un micro-entrepreneur comparant les 3 régimes fiscaux possibles

› Un micro-entrepreneur profession libérale réalise un chiffre d'affaires de 29 800 € et déclare des dépenses de fonctionnement de 4 800 euros.

	Prélèvement libératoire	Abattement forfaitaire	Déclaration contrôlée
Chiffre d'affaires	29 800 €	29 800 €	29 800 €
Bénéfice imposable	29 800 €	19 668 €	19 125 €
Charges sociales	6 884 €	6 716 €	6 563 €
Impôt sur le revenu	656 €	0,00 €	0,00 €
Total impôts + charges	**7 540 €**	**6 716 €**	**6 563 €**

(Calcul réalisé à l'aide du simulateur en ligne de l'ordre des experts-comptables.)

› Il apparaît évident qu'à partir d'un certain niveau de chiffre d'affaires et un montant de dépenses suffisamment conséquent, le régime réel devient plus intéressant pour le micro-entrepreneur.

› Ce ne sera bien évidemment pas le cas pour tous. C'est pourquoi il est important de réaliser ces simulations avec ses données personnelles, sachant qu'en début d'activité le régime micro-fiscal au prélèvement libératoire ou avec abattement forfaitaire sera certainement plus intéressant.

› Les années suivantes, le micro-entrepreneur pourra toujours réviser son choix et opter pour la formule qui lui paraît la plus favorable en fonction de son activité.

› L'option devra être exercée avant le 1er février de la première année au titre de laquelle le micro-entrepreneur souhaite bénéficier de ce régime s'il relève des BIC, ou du 2e jour ouvré suivant le 1er mai de l'année suivante s'il relève des BNC (régime de la déclaration contrôlée). Cette option est valable 2 ans tant que l'entreprise reste de façon continue dans le champ d'application du régime micro, et reconduite tacitement par périodes de 2 ans.

OUTIL 18

Protéger son patrimoine personnel

LA RESPONSABILITÉ DU DIRIGEANT

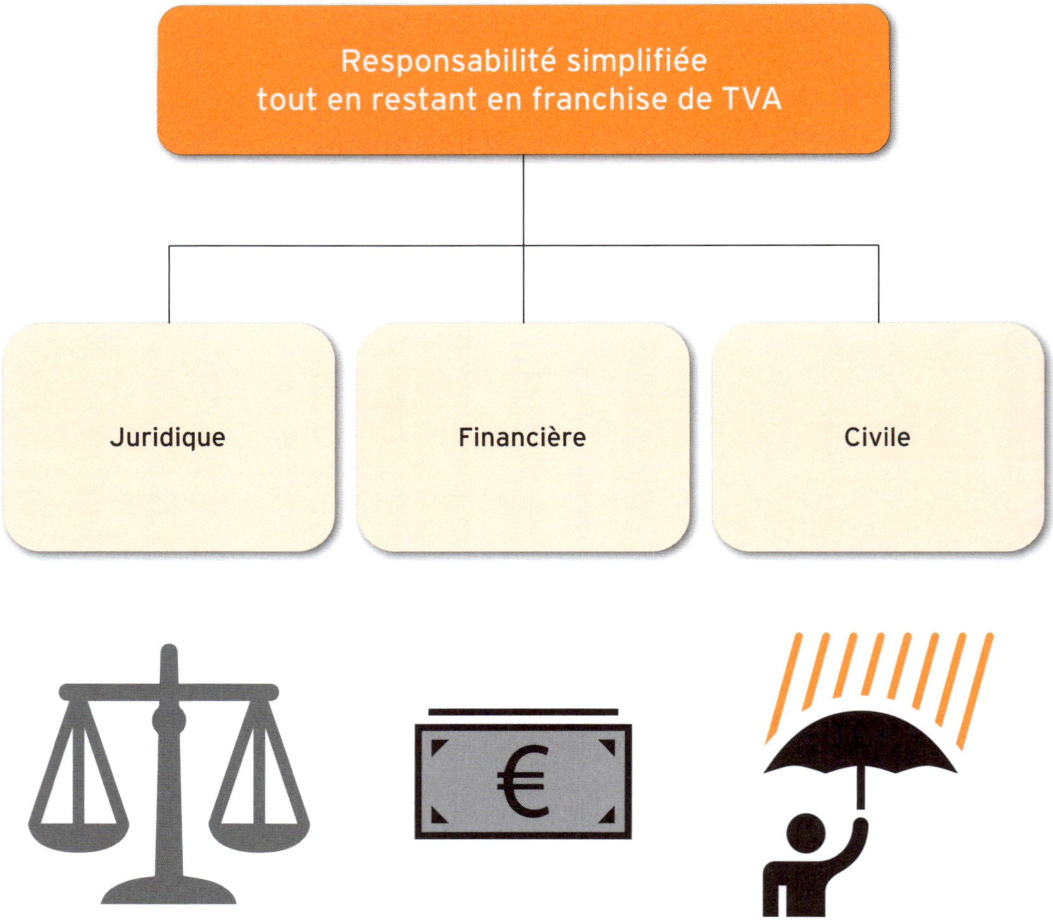

En résumé

Le statut juridique de l'entreprise individuelle impose une responsabilité totale et indéfinie du dirigeant.

Il est important de prendre des dispositions pour protéger ses biens personnels.

Insight

Your legal status as a self-employed businessperson requires that you assume total and indefinite responsibility as manager of your own enterprise.

Thus it is important that you take a series of measures to protect your personal property.

Pourquoi l'utiliser ?

Objectif

La séparation des patrimoines est l'une des premières démarches que le responsable d'une entreprise individuelle doit accomplir, une fois son entreprise créée.

Contexte

Une entreprise individuelle reposant sur la tête d'une personne physique, il y a confusion des patrimoines. De ce fait, il ne peut donc y avoir séparation des responsabilités. Cette responsabilité peut être engagée dans de nombreux cas :

- exercice d'une activité interdite dans le régime choisi ;
- défaut de qualification professionnelle ;
- défaut de livraison ou refus de remboursement d'un client dans le délai légal, produit défectueux ; etc.

Différentes actions de protection peuvent être envisagées sur les plans juridiques, financiers et civils.

Comment l'utiliser ?

Étapes

Actions à mener :

1. **Sur le plan juridique**

- Modifier son régime matrimonial pour adopter celui de la **séparation de biens** de façon à dissocier les biens de chaque époux. Ainsi, les biens du conjoint de l'entrepreneur individuel seront protégés.
- L'**EIRL** (Entreprise individuelle à responsabilité limitée - cf. Outil 19) permet à l'entrepreneur individuel de se constituer un patrimoine professionnel, pouvant seul être saisi par ses créanciers.

2. **Sur le plan financier**

- Il est possible d'effectuer une déclaration d'insaisissabilité de son patrimoine immobilier auprès d'un notaire.
- Créer une EIRL (voir *supra*).

1. **Sur le plan de la responsabilité civile**

- L'assurance responsabilité civile professionnelle permet de s'assurer en cas de dommages causés aux personnes ou aux biens dans l'exercice de son activité (obligatoire pour certains métiers).

Il faut dissocier le patrimoine professionnel du patrimoine personnel.

Méthodologie et conseils

- Le chef d'une entreprise individuelle doit adopter les mesures de protection adaptées à son activité et aux risques éventuels que celle-ci est susceptible d'engendrer. Une activité de service de conseil en entreprise est généralement moins risquée qu'une activité de restauration, voire d'achat et de revente de biens.
- Depuis le 7 août 2015, la **résidence principale** de l'entrepreneur individuel est de fait automatiquement protégée contre toute action de ses créanciers. Afin de protéger ses autres biens immobiliers, l'entrepreneur individuel peut effectuer auprès d'un notaire, une déclaration d'insaisissabilité.
- Enfin, certaines activités professionnelles (ex. bâtiment, hôtellerie-restauration) engagent la responsabilité civile de l'entrepreneur en cas de conflit avec un client, pouvant entraîner des dommages financiers importants. Les compagnies d'assurance proposent donc des contrats spécifiques **responsabilité civile professionnelle** (RCP) adaptés à chaque cas (cf. Outil 35). ■

Avantages

- Limiter sa responsabilité en protégeant ses biens personnels et par voie de conséquence sa famille proche.

Précautions à prendre

- Bien évaluer les risques liés à son activité mais inutile de se surprotéger en voulant adopter toutes les protections.

OUTIL 19

L'EIRL

CARACTÉRISTIQUES

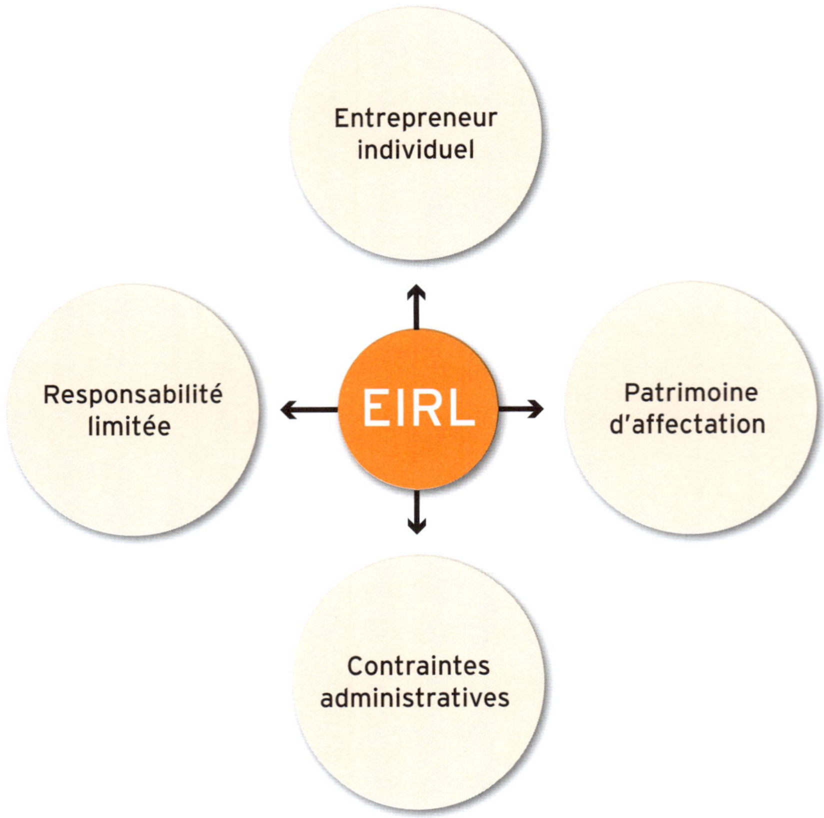

En résumé

L'EIRL est un cadre juridique dans lequel l'entrepreneur individuel peut placer son entreprise afin de protéger ses biens personnels. Ce cadre particulier engendre des contraintes supplémentaires.

Insight

EIRL (Limited Liability Individual Entrepreneur) is a legal framework within which you, as a self-employed businessperson, can position your company in order to protect your personal property.

This particular framework demands that you comply with a series of additional requirements.

Pourquoi l'utiliser ?

Objectif

L'entreprise individuelle à responsabilité limitée (EIRL) permet de constituer un patrimoine professionnel, appelé patrimoine d'affectation, indépendant du patrimoine personnel du chef d'entreprise.

Contexte

Ce patrimoine d'affectation peut seul être saisi par les créanciers professionnels dont les droits sont nés postérieurement à la déclaration d'affectation ; et par les créanciers dont les droits sont nés antérieurement à celle-ci, sous certaines conditions.

Comment l'utiliser ?

Étapes

Mise en place d'une l'EIRL :

1. **Définir sa composition**

› Obligatoirement tous les biens, droits, obligations, sûretés qui sont nécessaires à l'activité de l'entrepreneur et dont il est titulaire.

› Facultativement, les biens, droits, obligations, sûretés qu'il utilise dans le cadre de son activité.

2. **Réaliser son évaluation**

› Chaque élément de ce patrimoine affecté doit être évalué par l'entrepreneur, à la valeur vénale ou, en l'absence de valeur de marché, à la valeur d'utilité.

› Tout bien autre que des liquidités d'une valeur supérieure à 30 000 € doit être évalué par un commissaire aux comptes, un expert-comptable, une association de gestion et de comptabilité, ou par un notaire (dans le cas d'un bien immobilier).

3. **Effectuer sa déclaration**

› La déclaration doit préciser l'objet de l'activité à laquelle le patrimoine est affecté, un état descriptif des biens affectés à l'activité professionnelle (nature, qualité, quantité et valeur), et le cas échéant, le rapport d'évaluation et l'accord exprès du conjoint ou du co-indivisaire.

› L'affectation d'un bien immobilier doit faire l'objet d'un acte notarié publié au bureau des hypothèques.

› La déclaration d'affectation est déposée au centre de formalités des entreprises (CFE).

Comme une société, l'entreprise individuelle n'engagera sa responsabilité que sur ce patrimoine d'affectation.

Obligations :

- l'EIRL doit utiliser une dénomination incorporant son nom précédé ou suivi de la mention « entreprise à responsabilité limitée » ou le sigle EIRL ;
- l'EIRL doit ouvrir un ou compte bancaire exclusivement dédié à l'activité professionnelle visée par la déclaration d'affectation ;
- l'EIRL doit tenir une comptabilité autonome ; elle est soumise aux règles comptables de la comptabilité commerciale (même si l'activité exercée relève des BNC).

Méthodologie et conseils

Le site officiel *www.eirl.fr* apporte tous les détails voulus aux entrepreneurs individuels qui souhaitent créer une EIRL. De plus, des modèles de déclaration d'affectation, d'accord du conjoint ou du co-indivisaire sont également disponibles. L'EIRL alourdit sensiblement la gestion d'une micro-entreprise ou d'une auto-entreprise, sa constitution n'a donc d'intérêt que si l'entrepreneur individuel a parfaitement évalué la nécessité de créer une telle structure juridique (avantages vs contraintes). ■

Avantages

- Limitation du patrimoine servant de gage aux créanciers.
- Simplicité de gestion en ce qui concerne la prise de décision.

Précautions à prendre

- Formalisme plus important qu'en entreprise individuelle.
- Coûts de constitution du patrimoine affecté et de fonctionnement à prévoir.

OUTIL 20

Protéger sa création, sa marque

SE PROTÉGER DE LA CONTREFAÇON

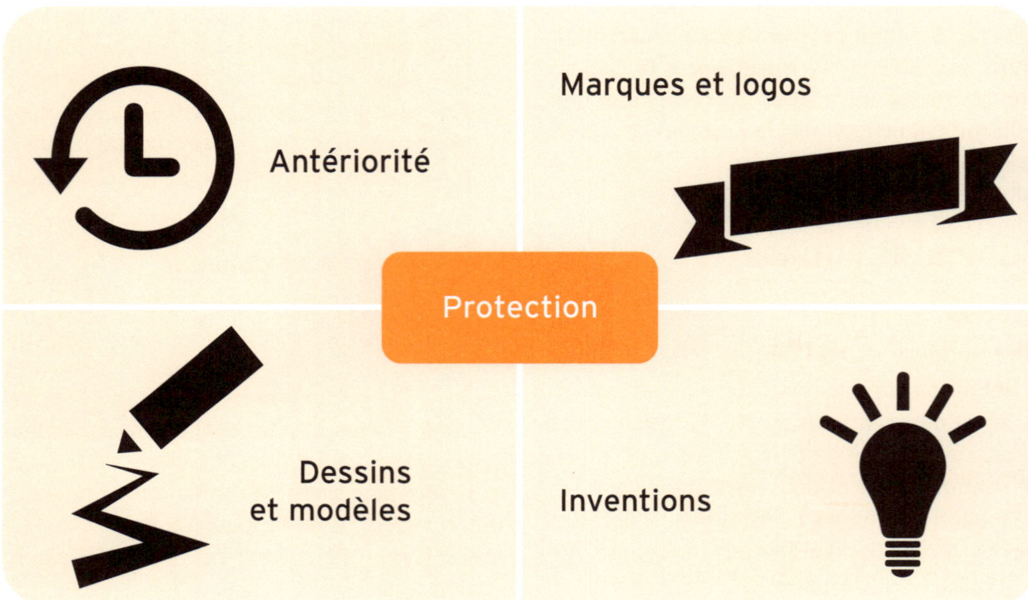

En résumé

Déposer une création, une marque ou un logo auprès d'un organisme officiel, et ainsi protéger l'identité et les spécificités de l'entreprise.

Renforcer l'image de marque de son entreprise.

Insight

Learn how to officially register your new business, brand or logo, thereby protecting your enterprise's original identity and special qualities.

Learn how to reinforce your corporate brand.

Pourquoi l'utiliser ?

Objectif

Le dépôt d'un nom ou d'une marque offre à l'entrepreneur l'occasion de professionnaliser son activité. Grâce à cette officialisation des éléments identitaires de l'entreprise, il pourra renforcer son image de marque et évitera un conflit éventuel avec d'autres professionnels.

Contexte

Une idée en soi ne peut être protégée, sa forme peut être protégée : invention, marque, création littéraire ou artistique, dessin ou modèle, etc. Les coûts varient en fonction de l'étendue de la protection. L'INPI (Institut national de la propriété industrielle – *www.inpi.fr*) est l'organisme national officiel chargé de la protection des noms, marques, dessins et brevets.

Comment l'utiliser ?

Étapes

Les différentes solutions :

1. Prendre date

› Mise à la disposition par l'INPI, l'enveloppe Soleau permet de se constituer, à peu de frais, la preuve de la date d'une création et d'identifier l'auteur.

› Prix : 15 € / durée : 5 ans renouvelable.

› *Informations sur www.inpi.fr/fr/enveloppes-soleau.html*

2. Protéger une marque

Permet de protéger, un nom, un signe, contre la contrefaçon.

› Pour être protégée, la marque doit avoir la forme d'un signe verbal (nom, lettres, chiffres, sigle, slogan, etc.), ou d'un signe figuratif (dessin, logo, etc.), ou d'un signe sonore (phrase musicale, *jingle*).

› Prix : 250 € pour 3 classes (210 € via Internet), 42 € par classe supplémentaire durée : 10 ans renouvelable.

› *Informations sur www.inpi.fr/fr/marques.html*

3. Protéger un dessin, un modèle

Permet de protéger un dessin base de la réalisation d'un produit.

› Pour pouvoir être protégé, un dessin doit être nouveau et s'assurer d'en posséder les droits d'auteur.

› Prix : 39 € + frais de reproduction (23 € ou 47 €) / durée 5 ans renouvelable 5 fois.

› *Informations sur www.inpi.fr/fr/dessins-et-modeles.html*

Une marque déposée augmente la visibilité et la notoriété de l'entreprise.

4. Protéger une invention

La protection d'une invention s'effectue par le dépôt d'un brevet.

› Pour pouvoir être protégée, une invention doit être nouvelle, être une solution technique à un problème, originale et inventive et susceptible de déboucher sur une application industrielle.

› Prix : 646 € au total, (réduction de 50 % pour les personnes physiques et les PME de moins de 1 000 salariés) + paiement progressif d'annuités pour la maintenance du brevet / durée : 20 ans.

› *Informations sur www.inpi.fr/fr/brevets.html*

Méthodologie et conseils

Avant tout dépôt de marque, effectuer une recherche sur le site de l'INPI dans la base marques (*http://bases-marques.inpi.fr*). Puis demander une recherche d'antériorité de similarités à l'INPI (50 € à 500 € suivant l'étendue de la recherche). ■

Avantages

- Valoriser sa marque.
- Se protéger de la contrefaçon.
- Éviter les conflits de noms entre professionnels.

Précautions à prendre

- S'assurer de la disponibilité réelle d'une marque ou d'un dessin.
- Ne pas utiliser de termes réservés (noms de pays, professions réglementées).

DOSSIER

3 LE **PANORAMA** DES **AIDES**

Le micro-entrepreneur est un entrepreneur individuel qui, par définition, se retrouve souvent seul face à son projet de création. Rechercher un accompagnement peut s'avérer très utile pour monter son projet et lancer son activité.
Au-delà de cet accompagnement, certains organismes peuvent également proposer des aides financières de différentes natures, qui permettront au micro-entrepreneur d'améliorer son budget de création.

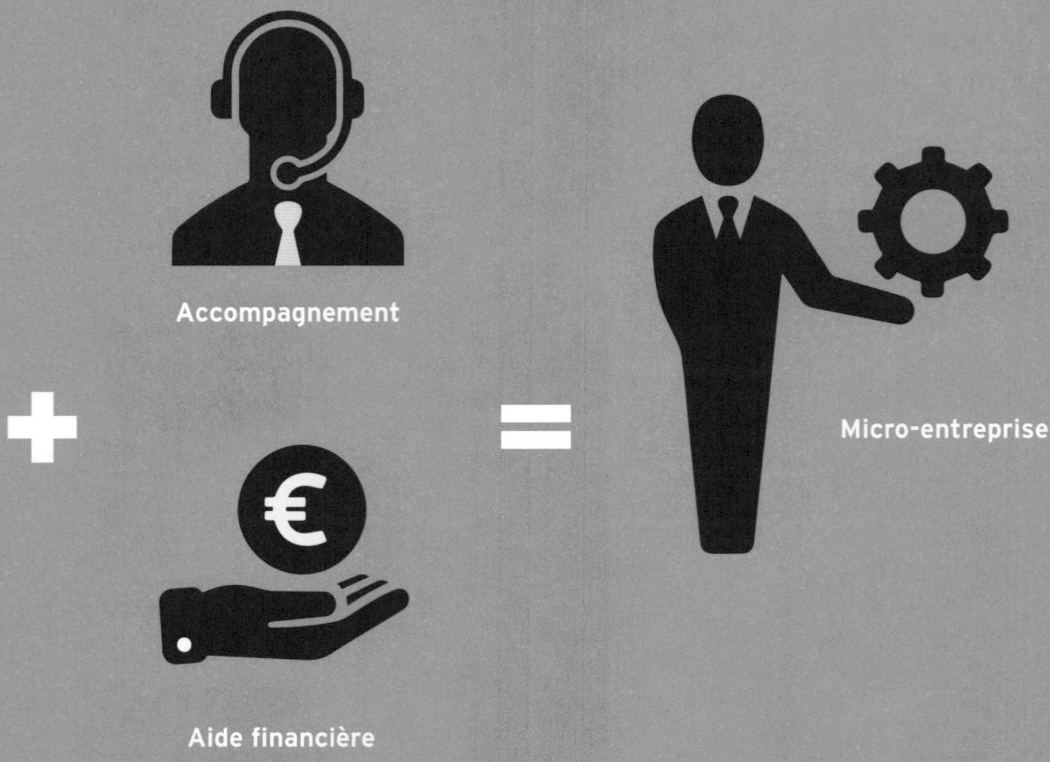

DOSSIER

3

Se rapprocher des structures administratives

Passage obligé pour tout créateur d'entreprise, l'administration française ! Les premières démarches doivent donc se faire à destination des organismes officiels en charge de la création et de la gestion des entreprises.

Ne serait-ce que pour les identifier et savoir avec quelles entités administratives il devra travailler, le futur micro-entrepreneur aura tout intérêt à se rapprocher de celles-ci dès la phase de mise en place de son projet.

Il n'est généralement pas indispensable de contacter les organismes sociaux (maladie, prévoyance, retraite) qui ne manqueront de se manifester une fois l'entreprise créée, soyez-en sûrs. En revanche il est utile de contacter Pôle Emploi si l'on y est inscrit, son futur CFE, les chambres consulaires, ou même l'administration fiscale.

Se faire accompagner

Si l'on peut parfois se sentir seul et perdu au milieu des multiples démarches à accomplir pour créer son entreprise, des réseaux d'accompagnement sont là pour soulager les porteurs de projet et leur apporter conseils et soutien dans cette phase délicate.

Cela permet de démystifier ce que beaucoup croient très compliqué, mais qui bien souvent n'est qu'une question d'organisation des tâches et d'identification des bons interlocuteurs.

Trouver des aides financières

Si obtenir une aide financière peut soulager économiquement le projet, cela n'est en rien un critère de succès.

Tout créateur d'entreprise, notamment lorsqu'il est inscrit en tant que demandeur d'emploi, peut avoir accès à des aides de diverses sortes (allégement de charges, garanties bancaires, prêts). Celles-ci peuvent être nationales, régionales, locales ou associatives, mais dans tous les cas, c'est au porteur de projet de les trouver et d'effectuer les démarches nécessaires à leur obtention, s'il estime remplir les critères demandés.

Toutefois, la première source de financement d'un micro-entrepreneur reste lui-même. Famille et proches peuvent aussi être sollicités pour aider le créateur ; c'est ce que l'on appelle très officiellement la *love money*.

LES OUTILS

OUTIL 21

Les organismes officiels

UNE GALAXIE ADMINISTRATIVE

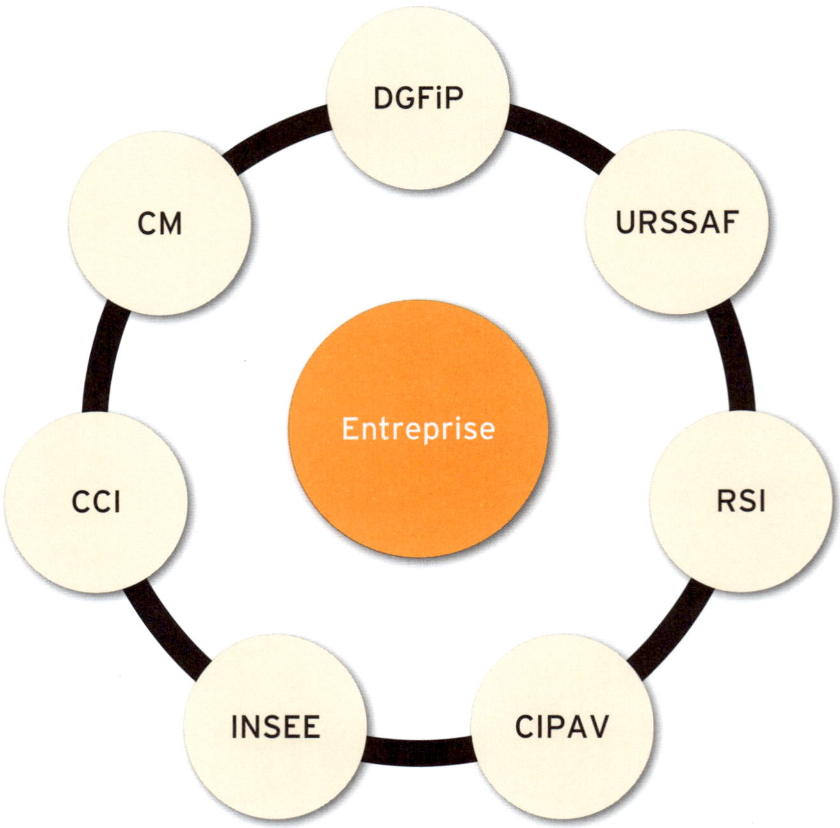

En résumé

À qui s'adresser pour créer et gérer la vie de son entreprise ?

Les interlocuteurs administratifs sont divers, il est important d'identifier le rôle de chacun.

Insight

Whom should you turn to for competent advice in registering and managing your business?

A number of administrative contacts and institutions exist: it is important to understand the role played by each one of them.

Pourquoi l'utiliser ?

Objectif

Nombreux sont les organismes avec lesquels le chef d'entreprise aura des relations. Certains de façon très ponctuelle, d'autres de façon récurrente. Toutefois, c'est le CFE (Centre de formalités des entreprises) qui constitue le premier et principal interlocuteur.

Contexte

Certains organismes sont communs à toutes les activités ou formes d'entreprise. D'autres sont liés à certaines professions. On peut distinguer trois principaux types d'organismes intéressant le micro-entrepreneur : au moment de la création de l'entreprise ; d'information, de conseil ou de financement ; pour le paiement des charges sociales, taxes et impôts.

Comment l'utiliser ?

Étapes

En amont de sa déclaration d'activité, le futur micro-entrepreneur peut déjà contacter les organismes incontournables que sont :

- le centre de formalités des entreprises correspondant à son activité, pour y collecter tout renseignement utile à son installation ;
- l'URSSAF pour obtenir des informations sur les cotisations et leur mode de versement ;
- le RSI (régime social des indépendants) pour connaître l'état de sa future couverture sociale et les cotisations qu'il aura à verser ;
- la CIPAV (Caisse interprofessionnelle d'assurance vieillesse) s'il exerce une activité libérale relevant de cette caisse de retraite.

La première démarche consistant tout d'abord à consulter les sites Web de ces organismes et y rechercher les informations pratiques. Puis en cas de doute, tenter de les contacter par téléphone pour obtenir des précisions.

Pour les commerçants et artisans, les chambres de commerce et de métiers offrent des services très adaptés pour répondre aux questions de ces professionnels. Pour les professionnels libéraux, l'absence d'un organisme consulaire spécifique ne leur permet pas d'obtenir la même qualité de service. Un conseil spécialisé, une association ou un réseau d'accompagnement pourra éventuellement jouer ce rôle (cf. Outil 22).

› *Les principaux organismes officiels sont exposés à la fin de l'ouvrage, à la page 174.*

Se retrouver dans le mille-feuille administratif français.

Méthodologie et conseils

L'une des démarches préalables du porteur de projet consiste à se rapprocher au plus tôt de son CFE afin d'y collecter toutes les informations nécessaires à la création et l'immatriculation de sa future entreprise.

C'est le CFE qui procédera à la demande d'immatriculation auprès de l'INSEE. Cet organisme transmettra ensuite au micro-entrepreneur, son numéro de SIREN (Système d'identification du répertoire des entreprises) et son code APE (Activité principale exercée).

Ensuite, URSSAF, RSI, et service des impôts seront également informés de la création de l'entreprise, et le micro-entrepreneur recevra progressivement leurs courriers.

Les auto-entrepreneurs ont quant à eux, à faire à l'URSSAF pour leurs divers déclarations et paiements. ■

Avantages

- Le CFE est l'interlocuteur privilégié du micro-entrepreneur.
- 90 % des relations avec ces organismes se feront de manière électronique.

Précautions à prendre

- Aller sur les différents sites Web de ces organismes et se créer un compte, indispensable pour y faire ses déclarations et paiements.

OUTIL 22

Les associations d'aide à la création

ACCOMPAGNEMENT DES CRÉATEURS D'ENTREPRISE

En résumé

Plusieurs associations d'aide à la création d'entreprise proposent d'accompagner le porteur de projet

Au-delà de simples conseils, certaines d'entre elles offrent un véritable partenariat.

Insight

Several associations are specialized in helping people start their own businesses.

Apart from providing counsel, certain associations even offer full-fledged partnerships.

Pourquoi l'utiliser ?

Objectif

En phase de création et de démarrage de son entreprise, le porteur de projet se retrouve souvent un peu seul, perdu dans les multiples démarches qu'il doit accomplir, face à des difficultés parfois imprévues. Se faire accompagner dans cette étape permet d'éviter bien des erreurs, de franchir les obstacles et de gagner du temps tout en se rassurant.

Contexte

La plupart des associations offrent des services gratuits aux futurs entrepreneurs, que ce soit pour monter leur projet, les conseiller dans leurs démarches administratives, ou trouver des financements.

Comment l'utiliser ?

Étapes

Parmi elles, on peut distinguer quatre associations présentes sur l'ensemble du territoire, qui proposent des services d'accompagnement et de financement.

1. **BGE** (*bge.asso.fr*)

Le réseau « Boutique de gestion » est un réseau national certifié ISO 9001 visant à accompagner le porteur de projet dans les différentes étapes de la création.

L'accompagnement se veut très pédagogique et le suivi est bien assuré. BGE peut également aider au développement d'une micro-entreprise déjà établie afin de la faire évoluer vers un autre type de structure.

2. **Initiative France** (*www.initiative-france.fr*)

Le réseau « Initiative France », fort de ses 230 « plates-formes initiative » propose un accompagnement personnalisé pour aider les porteurs de projet à monter leur plan de financement. Un prêt d'honneur peut être accordé, associé à une offre de parrainage tout au long de sa durée.

3. **France Active** (*www.franceactive.org*)

France Active dispose d'un réseau national de 41 fonds territoriaux dont la mission est de proposer des solutions de financement aux créateurs d'entreprise individuelle.

Il s'agit d'aider les porteurs de projet à monter leur plan de financement, à fournir des garanties d'emprunt bancaire, ou des prêts Nacre de 1 000 à 10 000 €.

4. **Réseau Entreprendre** (*www.reseau-entreprendre.org*)

Réseau Entreprendre est un réseau national de chefs d'entreprise dont le rôle est d'accompagner, dans leur développement, des entreprises susceptibles de créer de l'emploi. Des prêts d'honneur de 15 000 à 50 000 € peuvent également être accordés.

Dans la solitude de l'entrepreneur individuel, les réseaux d'accompagnement sont une aide précieuse.

Méthodologie et conseils

Depuis quelques années les organismes d'accompagnement aux porteurs de projet se sont considérablement développés. Leur efficacité n'est plus à prouver, le taux de réussite des entrepreneurs accompagnés (près de 90 % - *source Réseau Entreprendre*) le démontre.

La recherche d'une solution d'accompagnement et / ou de financement est donc plus que conseillée en début de projet. Le site de l'agence France entrepreneur (AFE) fournit un outil dédié à cette recherche : *www.afecreation.fr/pid319/qui-peut-vous-aider.html?espace=1* ■

Avantages

- Ne pas se sentir isolé et perdu au moment de la création de son entreprise.
- Bénéficier d'un soutien et d'une expertise.

Précautions à prendre

- Sélectionner l'association qui correspond véritablement à son profil de créateur et au projet à mettre en place.

Les sites Web spécialisés

TROUVER L'INFORMATION SUR LE WEB

Home A propos Oser entreprendre Charte des visiteurs Mentions légales

PASSION entreprendre

HOME ACTUALITÉS CRÉER ENTREPRENDRE PORTRAITS PROJET

Cotisations sociales 2016 micro-entrepreneurs

décembre 3rd, 2015 jackhel

Après une baisse sensible des taux de charges de sociales en 2015 pour les auto-entrepreneurs, ceux-ci verront apparaître une légère augmentation sur leurs prélèvements trimestriels

La diminution des cotisations allocations familiales des entreprises en 2015, avait entraîné mécaniquement une baisse des taux de charges sociales pour les auto-entrepreneurs. En 2016, les auto-entreprises – qui seront devenues des micro-entreprises – subiront une augmentation de ces taux de **0,1%** à **0,2%**.

Le tableau ci-dessous en précise la répartition :

Taux 2016 des prélèvements obligatoires des micro-entrepreneurs

http://passion-entreprendre.fr

Activité	Social		Fiscal		Formation professionnelle	
	2015	2016	2015	2016	2015	2016
Commerciale (RSI-BIC)	13,3%	13,4%	1%	1%	0,1%	0,1%
Artisanale (RSI-BIC)	22,9%	23,1%	1,7%	1,7%	0,3%	0,3%
Libérale (CIPAV-BNC)	22,9%	23,1%	2,2%	2,2%	0,2%	0,2%

Taxe pour frais de chambres

Prestation de services	Prestation de services artisanales	Vente de biens restauration hébergement	Achat - revente par les artisans	Artisans en double immatriculation
0,044%	0,48%	0,015%	0,22%	0,007%

A noter que les autres taux restent inchangés, ainsi que les plafonds de chiffre d'affaires (**82 200 €** pour les activités de vente et **32 900 €** pour les prestations de services)

Search

Web en entreprise

SUIVEZ-MOI :

Sur Facebook
Sur Google+
Sur Twitter
Sur Scoop.it
Ecrivez-moi

Ce site et l'ensemble de son contenu (textes et images) est mis à disposition selon les termes de la Licence Creative Commons Attribution - Pas d'utilisation commerciale - Partage à l'identique 3.0 non transposé.

CATÉGORIES

Activités
Actualités
Aides
Business plan

Page consultable sur https://passion-entreprendre.fr/cotisations-sociales-2016-micro-entrepreneurs

En résumé

Depuis la création de l'auto-entreprise en 2009, de très nombreux sites dédiés à la création d'entreprise ont vu le jour.

L'occasion de proposer ici une sélection de quelques-uns d'entre eux.

Insight

Ever since French law introduced the auto-entrepreneur status in 2009, a number of websites on the subject of business start-ups have emerged.

In this space we propose a selective list.

Pourquoi l'utiliser ?

Objectif

› Se créer une base de données d'adresses utiles et fiables pour la gestion de son entreprise.

› Avoir accès en permanence à des sources d'information fiables. Suivre l'évolution de la réglementation applicable aux entreprises, déceler les opportunités du marché et l'état de la concurrence.

Contexte

Le succès de l'auto-entreprise a poussé ceux-ci à se fédérer pour diffuser les actualités du régime, mais également se défendre contre leurs détracteurs. Au-delà des sources officielles (cf. Outil 21), d'autres sites de qualité publient également de précieuses informations.

Si l'appellation « auto-entrepreneur » est plus fréquente, les sites Web concernés diffusent des informations communes aux deux régimes, quand bien même la fusion avec les micro-entreprises n'est pas encore totalement réalisée.

Comment l'utiliser ?

Étapes

Certains sites ont fait de l'entreprise individuelle leur spécialité, parmi eux :

1. **L'union des auto-entrepreneurs**

› *www.auto-entrepreneur.fr*

L'UAE créée en 2009 offre un panel complet de conseils pratiques et de services pour les auto-entrepreneurs. À noter une présentation exhaustive du régime à travers un guide en 8 points.

2. **Fédération des auto-entrepreneurs**

› *www.federation-auto-entrepreneur.fr*

La FDAE, très active dans la défense de ce régime, notamment auprès des autorités gouvernementales, a acquis grâce cela une certaine légitimité. Au-delà de cet aspect militant, le site offre diverses informations pratiques ainsi que des services aux adhérents.

3. **Passion Entreprendre**

› *passion-entreprendre.fr*

Le site Passion Entreprendre permet de se tenir informé sur les évolutions de la règlementation des entreprises individuelles. Des actualités y sont publiées ainsi que des portraits d'entrepreneurs.

4. **Auto-entrepreneur info**

› *autoentrepreneurinfo.com*

Un blog d'information bien alimenté sur le régime des auto et micro-entreprises, qui relaie notamment l'actualité des médias sur le sujet.

5. **TV des entrepreneurs**

› *www.laformationpourtous.com*

Ce site, dépendant de la caravane des entrepreneurs propose en ligne plus de 1 200 formations vidéo sur les différentes thématiques de la création et de la gestion d'entreprise (sur abonnement).

Se créer une base de données d'adresses utiles et fiables pour la gestion de son entreprise.

Méthodologie et conseils

De très nombreux sites Web ont surfé sur la vague de l'entrepreneuriat, mais beaucoup moins nombreux sont ceux qui apportent au candidat créateur, des informations fiables et à jour.

Il est important, lors de toute recherche, de croiser les informations, d'en vérifier la source et la qualité de leur auteur. ■

Avantages

- Profiter d'une manne d'informations disponibles et gratuites.
- Suivre l'actualité de l'entrepreneuriat au jour le jour.

Précautions à prendre

- Ne pas prendre pour argent comptant, toutes les affirmations trouvées dans des forums de discussion, émanant de participants pas toujours très bien informés.

OUTIL 24

Les aides à la création d'entreprise

ACCRE, ARCE, NACRE

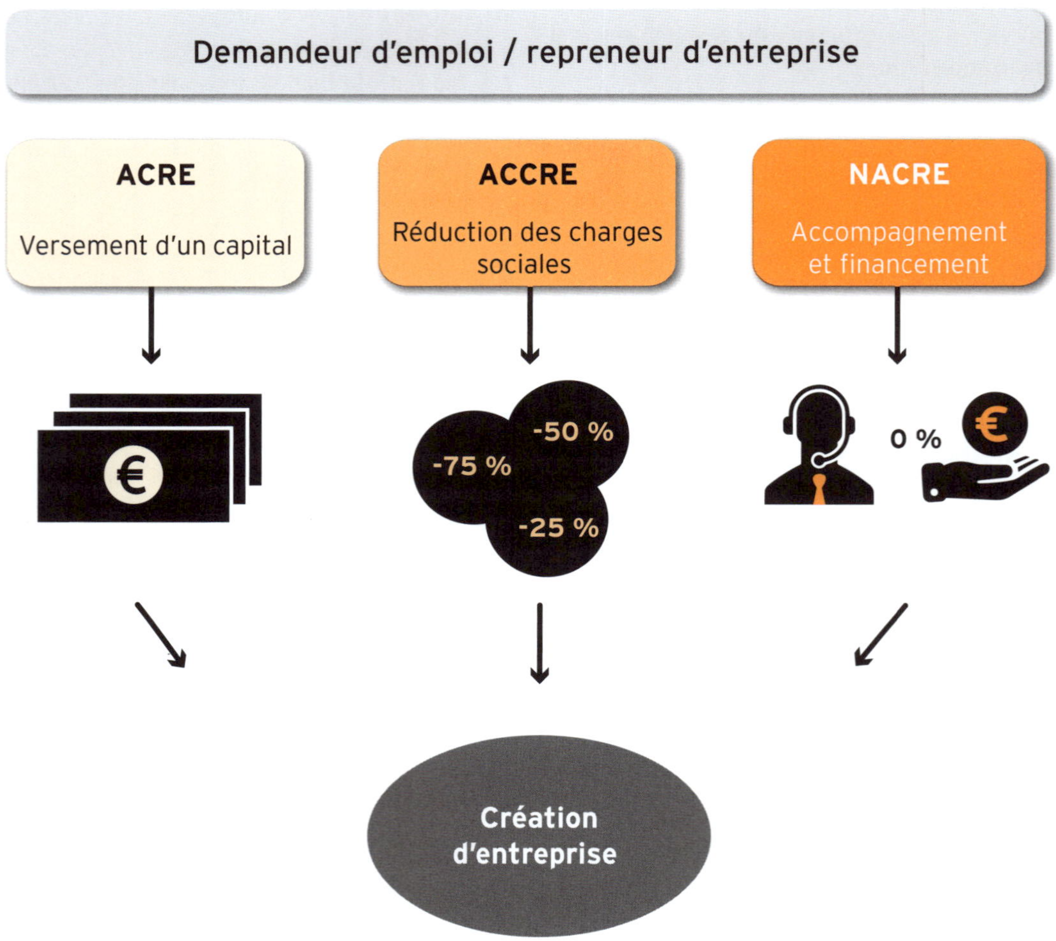

En résumé

Les demandeurs d'emploi créateurs ou repreneurs d'entreprise bénéficient de trois principaux dispositifs d'aide complémentaires.

Insight

Job-seekers who are thinking about starting their own business or taking charge of an existing company can benefit from three main arrangements offering further government support.

Pourquoi l'utiliser ?

Objectif

Tout demandeur d'emploi percevant l'ARE (allocation d'aide au retour à l'emploi), en d'autres termes des allocations chômage, peut se voir accorder des aides à la création ou à la reprise d'une entreprise.

Contexte

› **ACCRE** (Aide aux chômeurs créateurs ou repreneurs d'entreprises). Exonération totale ou partielle des charges sociales suivant le cas.

› **ARCE** (Aide à la reprise ou à la création d'entreprise). Aide financière sous forme de capital.

› **NACRE** (Nouvel accompagnement pour la création et la reprise d'entreprise). Accompagnement du créateur et prêt à taux zéro.

Comment l'utiliser ?

Étapes

Les trois grands dispositifs d'aide proposés aux demandeurs d'emploi créateurs d'entreprise :

1. **ACCRE.** Pour les micro-entrepreneurs, cela consiste en une **exonération** partielle et dégressive des **charges sociales** sur 3 années.

› Année 1 : réduction de 75 %

› Année 2 : réduction de 50 %

› Année 3 : réduction de 25 %

Attention, la demande d'ACCRE doit être effectuée dans les **45 jours** suivant la création de l'entreprise à l'aide du formulaire Cerfa n° 13584*02.

2. **ARCE.** Aide financière sous forme de capital correspondant à **45 %** du montant du reliquat des allocations à la date de déclaration de l'activité. L'aide est versée en 2 fois :

› 1er versement au début de l'activité ;

› 2e versement 6 mois plus tard.

3. **NACRE.** Dispositif en trois phases étalé sur 3 années :

› Phase 1 : **accompagnement** au montage du projet ;

› Phase 2 : possibilité d'obtenir un **prêt à taux zéro** dans la limite de 10 000 €, adossé obligatoirement à un prêt bancaire ;

› Phase 3 : **appui au développement** de l'entreprise.

Les aides Pôle Emploi permettent de démarrer plus sereinement une activité indépendante.

Méthodologie et conseils

Afin de bénéficier d'une aide éventuelle, le créateur d'entreprise doit s'informer des dispositifs le concernant dans les meilleurs délais et préparer son dossier de demande.

D'autres possibilités d'obtenir des soutiens (financiers ou accompagnements) existent également auprès de certaines collectivités locales. Plus spécifiques et régionalisées, la recherche de ces aides doit être effectuée au cas par cas suivant son lieu d'implantation. Ces dispositifs peuvent concerner tout porteur de projet et pas seulement les demandeurs d'emploi.

L'Institut supérieur des métiers (ISM) publie sur son site (*www.aides-entreprises.fr*) un observatoire des aides aux entreprises qui répertorie toutes les aides publiques disponibles sur le territoire national. Par ailleurs, le portail des CCI (www.*les-aides.fr*) met à disposition des créateurs, un outil de recherche des aides adaptées à la future activité du porteur de projet. ■

Avantages

- Démarrer son activité dans les meilleures conditions possibles en limitant les pertes de revenus.
- Bénéficier des conseils d'expert et de leur soutien sur les premières années d'exercice.

Précautions à prendre

- Une aide n'est pas un financement ! Cela ne doit pas être une condition de la réussite du projet, seulement un petit plus pour l'entrepreneur.

OUTIL 25

Le financement participatif

LES 3 TYPES DE FINANCEMENT PARTICIPATIF

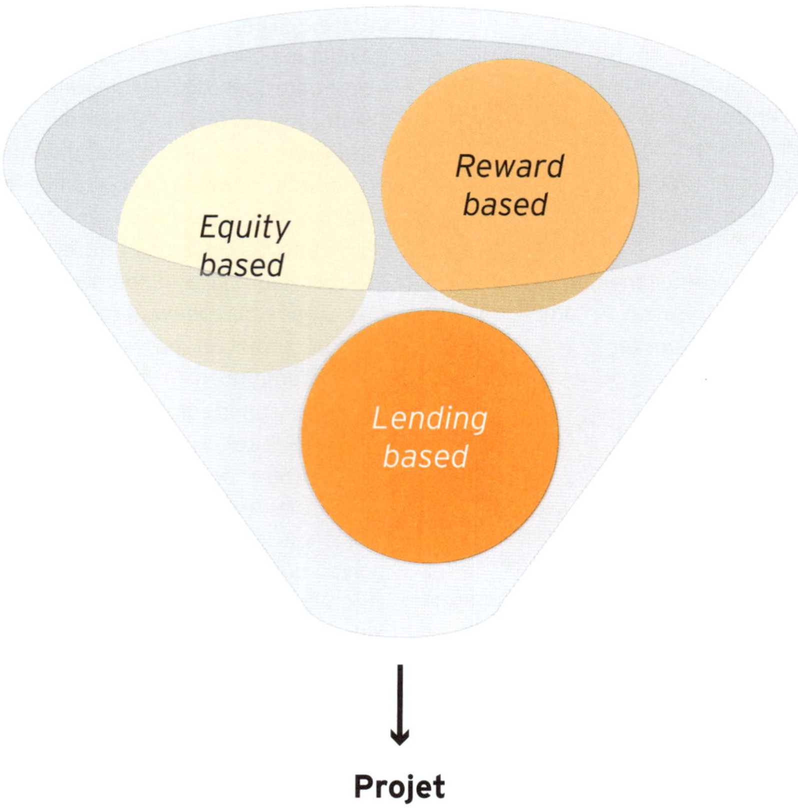

En résumé

Le financement participatif ou *crowdfunding* permet aux porteurs de projet de trouver un financement grâce à des dons ou des prêts de particuliers.

Savoir différencier les 3 principaux types de *crowdfunding* pour choisir le plus adapté à son projet.

Insight

Crowdfunding can help project starters find financing thanks to private donations or loans. Learn how to distinguish the 3 main types of crowdfunding in order to choose the one best adapted to your project.

Pourquoi l'utiliser ?

Objectif

Né au 18e siècle, le financement participatif s'est aujourd'hui développé autour de multiples activités (caritatives, artistiques, entrepreneuriales, etc.). Il est très vite apparu aux créateurs d'entreprise, l'intérêt qu'ils pouvaient tirer de ce type de financement pour développer leur activité.

Contexte

Hors du système bancaire traditionnel, plus accessible, adapté à tous les types de projets, le *crowdfunding* permet d'accéder à une solution de financement simple et désormais encadrée par la loi, afin de protéger les donateurs et prêteurs.

Comment l'utiliser ?

Étapes

1. **Financement par le don**
(*reward based* ou *crowdfunding*)
On peut distinguer 2 types de financement par le don :
   - sans contrepartie (à vocation caritative le plus souvent) ;
   - avec contrepartie (pour le financement de projets artistiques ou entrepreneuriaux), la contrepartie étant sous forme de petits cadeaux en relation avec le projet ou le produit.
2. **Financement avec prise de participation**
(equity based ou crowdequity)
La personne qui investit devient actionnaire de l'entreprise et a donc droit, à ce titre, à des contreparties financières si le projet est un succès. Il n'y a toutefois aucune garantie.
3. **Financement grâce à un prêt participatif**
(lending based ou crowdlending)
Il s'agit de prêter de l'argent moyennant un taux d'intérêt appliqué sur les remboursements effectués mensuellement.

Méthodologie et conseils

Le financement par le don avec contrepartie est la formule de *crowdfunding* qui correspond le mieux au projet d'un micro-entrepreneur. Cela peut lui permettre de financer certains investissements nécessaires au démarrage de l'activité (matériel informatique, outillage, site Web, etc.).

Pour réussir son opération de *crowdfunding*, il est impératif de rédiger un business plan parfaitement structuré et de soigner sa communication. Il est également important de choisir une plate-forme de *crowdfunding* adaptée au projet pour lequel on sollicite la générosité des internautes.

Pour recevoir les fonds collectés par le site de *crowdfunding*, 100 % de la somme demandée doit avoir été atteinte. Dans le cas contraire, aucune somme n'est versée et les donateurs sont intégralement remboursés. ■

Etant donné le nombre de demandes de financement, l'opération de crowdfunding doit être soigneusement préparée.

Avantages

- Trouver un financement tout en s'affranchissant des contraintes du système bancaire.

Précautions à prendre

- Être rigoureux dans la présentation de son projet pour convaincre les internautes.
- Travailler à fond son originalité.

SUITE OUTIL 25 →

Le financement participatif

Comment être plus efficace ?

Les principales plates-formes de *crowdfunding*

Nom	Origine	Projets cible	Commission
KissKissBankBank *(www.kisskissbankbank.com)*	USA	Entrepreneuriat, art, développement, artisanat	8 %
Ulule *(fr.ulule.com)*	France	Entrepreneuriat, création, innovation, solidaires	8 % ou 5 %
KickStarter *(www.kickstarter.com)*	USA	Entrepreneuriat, art, gastronomie, édition, technologie	8 à 10 %
MyAnnona *(www.myannona.com)*	France	Entrepreneuriat féminin Don ou prêt participatif	150 € HT (intérêts et commission en sus si prêt)
NotrePetiteEntreprise *(www.notrepetiteentreprise.com)*	France	Entrepreneuriat, art, gastronomie	10 %

Attention

Les sommes perçues par une micro-entreprise au travers des plates-formes de financement participatif sont considérées comme des revenus issus de la vente de biens ou de prestations de services (BIC ou BNC). À ce titre, ceux-ci doivent être inclus dans le chiffre d'affaires de la micro-entreprise et déclarés aux services fiscaux.

CAS d'un Projet de crowdfunding

- Définir précisément l'objectif de sa collecte
- Paufiner son business plan
- Écrire une histoire autour du porteur de projet (*storytelling*)
- Être créatif, faire une présentation soignée, utiliser la vidéo, l'animation
- Établir une relation de confiance avec les contributeurs, écouter leurs conseils
- Inclure tous les coûts (montant demandé, coûts de réalisation des contreparties, frais d'envoi, commissions, impôts et taxes)

OUTIL 26

Les dispositifs spécifiques

CIBLES

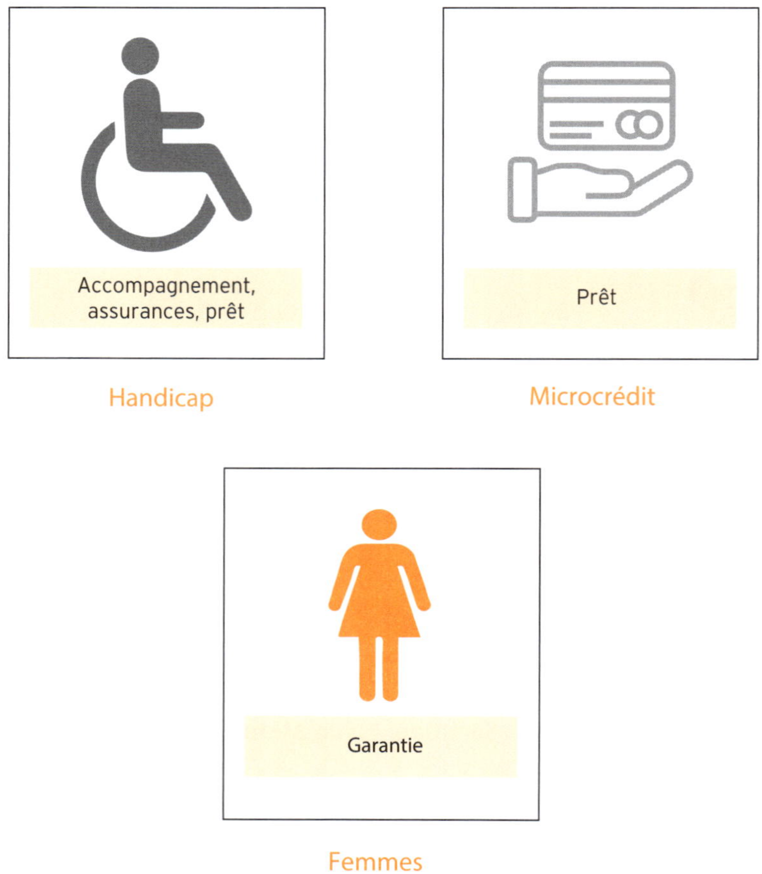

En résumé

Quelques dispositifs sont dédiés à certaines catégories de personnes. Les populations visées peuvent ainsi avoir accès à des **systèmes d'aide adaptés** à leur situation.

Ces aides peuvent prendre la forme d'un accompagnement, d'une garantie ou d'un prêt.

Insight

*Several state programs are designed for certain categories of people, who can thus enjoy access to **assistance adapted to their situation**.*

Such aids can adopt the concrete form of funding, counseling, guarantees or loans.

Pourquoi l'utiliser ?

Objectif

Afin que la création d'entreprise soit ouverte à tous, des associations se sont fait la spécialité d'aider certaines populations de personnes dites « fragiles ». C'est le cas des personnes handicapées et des personnes ne pouvant bénéficier du système bancaire traditionnel.

Contexte

La création d'entreprise peut s'avérer plus difficile pour certaines catégories de population. L'aide apportée par des associations à ces populations particulières permet d'aplanir certaines de ces difficultés.

Le cas particulier du fonds de garantie à l'initiative des femmes (FGIF) n'entre pas exactement dans ce cadre mais ce dispositif mis en place par l'état et proposé par l'intermédiaire d'associations, est réservé exclusivement aux créatrices d'entreprise.

Comment l'utiliser ?

Étapes

En fonction d'une situation particulière, 3 organismes spécialisés apportent un soutien aux porteurs de projets répondant aux critères d'éligibilité.

1. **AGEFIP** (*www.agefiph.fr)*

L'AGEFIPH aide les personnes handicapées qui envisagent de créer ou de reprendre une entreprise.

Critères : être demandeur d'emploi ; créer un emploi pérenne compatible avec son handicap ; toutes les formes juridiques acceptées.

Composition de l'aide : un accompagnement par un organisme spécialisé dans l'aide à la création-reprise d'entreprise ; un package « premières assurances » (multirisque professionnelle, prévoyance, santé) ; une aide financière de 6 000 €, attribuée au démarrage de l'activité.

2. **ADIE** (*www.adie.org)*

L'association pour le droit à l'initiative économique est un organisme de microcrédit qui s'adresse aux micro-entrepreneurs n'ayant pas accès au crédit bancaire. Le montant des prêts est plafonné à 10 000 € sur une durée maximum de 48 mois avec un accompagnement.

3. **FGIF** (*femmes.gouv.fr/fgif)*

Au travers du fonds de garantie à l'initiative des femmes, l'état encourage les créatrices d'entreprise, en leur facilitant accès à un prêt bancaire. Une garantie plafonnée à 70 % du prêt est accordée pour des montants empruntés de 5 000 à 45 000 € sur une durée maximale de 7 ans.

De nombreux dispositifs restent souvent inconnus aux porteurs de projet. Une recherche active est donc nécessaire pour en bénéficier.

Méthodologie et conseils

En début de projet, il est indispensable de s'informer sur les différentes possibilités d'aides et d'accompagnement offertes dans le cadre d'une création d'entreprise.

Certaines situations personnelles peuvent constituer un frein au projet de création. Or, la création d'entreprise doit être accessible à tous et c'est à cela que s'attachent ces associations d'accompagnement.

Il faut bien entendu préparer un dossier complet et détaillé et s'assurer au préalable que l'on réponde bien aux critères exigés par l'organisme auquel on s'adresse. ■

Avantages

- Obtenir un accès plus aisé à une aide dédiée, un financement.
- Bénéficier d'une expertise dans le domaine de la création d'entreprise adaptée à sa situation.

Précautions à prendre

- Les taux des prêts du microcrédit sont généralement assez élevés, c'est le prix à payer pour y accéder.

DOSSIER

4 PRÉPARER SA COMMUNICATION

La communication n'est pas une fin en soi. Elle est au service de la stratégie et doit apporter une valeur ajoutée. Elle vise à accroître les ventes et à faire connaître l'offre. Communiquer sur un produit ou un service, une entreprise, c'est d'abord entrer en relation avec une ou plusieurs personnes. Il y a quatre étapes pour définir une stratégie de communication efficace :

Définir l'objectif	Faire connaître, faire aimer, faire acheter, recruter, fidéliser
Définir la cible	Acheteurs, consommateurs, prescripteurs, leader d'opinion
Définir les messages	Bénéfices, arguments
Définir les supports	Médias, hors média, *on* et *off-line*

L'objectif

Il s'agit de veiller à ce que l'image diffusée soit cohérente avec l'image voulue. Communiquer, c'est bâtir un capital confiance fondé sur la valeur de l'entreprise, sa compétence et un capital sympathie permettant à l'entreprise d'être choisie, appréciée, défendue. L'entreprise doit se faire connaître pour ce qu'elle est, mais sous son meilleur jour. Faute de pouvoir vendre des produits différents, les entreprises sont obligées de se doter d'une vraie personnalité.

La cible

Vous devez identifier les personnes les plus utiles à toucher pour atteindre le résultat que vous souhaitez. Pour y parvenir, vous devez déterminer leur mode de pensée, leur style de vie, leurs préoccupations, leur culture. Plus vous serez précis, mieux vous pourrez affiner vos choix et trouver les arguments qui feront mouche.

Le message

Formulé pour toucher la cible, il exprime les intentions de l'entreprise. Il doit être simple (un message/un objectif), mémorisable (compréhensible par la cible) et crédible (en cohérence avec la réalité de l'entreprise et de son offre). Il se compose de visuels, de textes (slogans, bénéfices du produit ou service, explications) et de sons. Il communique des faits rationnels (explications, comparaisons, mode d'emploi, caractéristiques, résultat de tests...), et une promesse (beauté, sécurité, richesse, reconnaissance de signes, valeurs, émotions, sensations, bénéfice).

Les supports de communication

Les documents *print* sont la vitrine de la marque et soutiennent l'action commerciale sur le terrain. Ils sont souvent conservés par le client et peuvent faire office de guide professionnel. Les documents utilisés sur le Web obéissent aux mêmes règles que ceux du papier, mais avec des caractéristiques spécifiques. Sur Internet, les actions de visibilités sont de 3 types : référentielles (votre entreprise apparaît sur des sites internet), éditoriales (publication d'articles), communautaires (faire partie d'un réseau d'internautes). Il est recommandé de combiner les canaux *off-line* papier et on-line dématérialisés. Cela permet d'accroître sa visibilité.

Établir un budget

Un budget est à prévoir pour la création graphique, l'impression, les achats d'espaces ou de fichiers, les déclinaisons sur support, la diffusion... Accorder à la communication une enveloppe de X % du chiffre d'affaires, est souvent la solution privilégiée pour une entreprise qui se crée.

LES OUTILS

OUTIL 27

Les outils *print*

LES PRINCIPAUX OUTILS *PRINT*

Mailing	Catalogue	Dépliant ou Brochure
• Démonstration de la connaissance client… du début à la fin • Offre claire, pertinente, déclenchante… pousse à l'action	• Vecteur de votre image et de votre positionnement • Rubriquage comme dans un magasin • Machine à vendre : ambiance et circulation agréable	• Vitrine de l'offre • Reflet de votre savoir-faire et savoir-être • Argumentation claire sur les bénéfices proposés

En résumé

De la carte de visite à l'affiche publicitaire, en passant par le catalogue, les fiches techniques… : une alchimie à maîtriser pour que ce soit votre documentation qui « tienne la main » de votre cible jusqu'au bout, c'est-à-dire l'action.

Insight

Business cards, advertising posters, catalogues, data sheets: juggling the alchemy among different types of written documents will ensure that you grasp your target's interest until the appropriate response is activated: the purchase of your product.

Pourquoi l'utiliser ?

Objectif

Les outils *print* sont un moyen de parler à votre cible de ce qu'elle connaît, pratique, de son besoin. Pour réussir cette communication, il est important de prendre du temps pour envisager le format le plus efficace, mais aussi l'architecture du contenu, les images et le texte.

Contexte

Il ne se passe que sept secondes entre le moment où votre cible prend en main le document et celui où elle le lit… ou pas. C'est l'implacable lecture en Z !

Comment l'utiliser ?

Étapes

1. **Tenir compte du sens de lecture et des lignes de force**

Naturellement, l'œil parcourt un document en suivant un cheminement en Z.

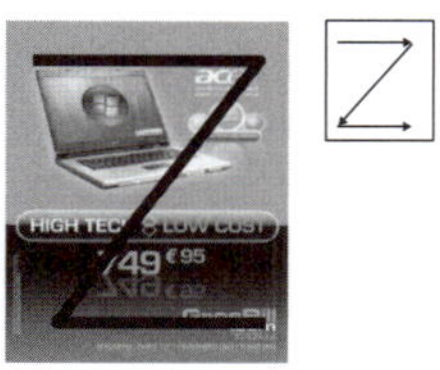

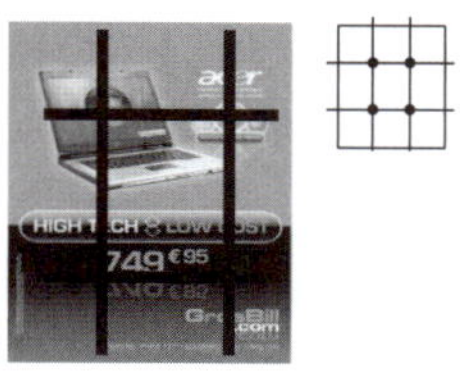

Seuls les points « chauds » sont lus. C'est à ces endroits qu'il faut faire figurer : le produit, la marque, l'accroche, le prix…

2. **Tenir compte des niveaux de lecture**

On identifie trois niveaux de lecture.

› **5 lecteurs. Niveau de surface.** Lecture en Z focalisée sur ce qui émerge : titres, gros caractères, brèves…

› **3 lecteurs. Niveau de confirmation.** Lecture des détails qui confirment l'intérêt : chapeau, légende, inter, signature…

› **1 lecteur. Niveau de lecture continue.** Lecture de tout le document

3. **Introduire des images**

L'image offre, au-delà du sens dénoté, un vaste champ de connotations qui dépendent, d'une part du lecteur et aussi de la répartition et de l'équilibre des signes sur le support. Elle fait appel à nos sens, sensations, notre imagination.

4. **Structurer le document**

La structure de l'écrit tient compte des niveaux et du rythme de lecture. Il est intéressant d'introduire des cassures et des variations. Prévoir plusieurs entrées possibles et des signes graphiques. Faire des phrases courtes. Utiliser des mots courts, connus, simples et utilisés par votre cible. Aérer le document.

Méthodologie et conseils

L'accroche annonce le parti pris, l'angle, le choix du message. Elle est tout sauf neutre. Voici quelques exemples à titre indicatif :

› **Comment.** « Comment rédiger comme un pro… ? »

› **Implication.** « Spécial consultants en communication. »

› **Problème, solution.** « Bureau encombré ? Gagnez 50 % de place. »

› **Question.** « Êtes-vous plutôt *work addict* ? »

› **Invitation.** « Goûtez à… Gagnez… »

› Nombres. « Formateurs : vos 10 commandements. »

› **Jeux de mots.** « Autant en rapporte le temps. »

› **Choc de révélation.** « Vous êtes seul… mais toujours accompagné. » ■

Avantages

- Le sens est immédiatement lisible.
- En dire moins, mais dire l'essentiel.

Précautions à prendre

- Trouver les bonnes ressources si vous n'êtes ni directeur artistique ni rédacteur.

Les outils print

OUTIL 28

Réaliser un e-mailing

STRUCTURE TYPE D'UN E-MAILING

ENTÊTE	
LOGO	ACCROCHE
VISUEL + DÉTAILS	
APPEL A L'ACTION	
MESSAGES ET INFORMATIONS SECONDAIRES	
BAS DE PAGE (avec lien de désabonnement)	

En résumé

On ne lit pas un document papier comme un écran d'ordinateur. L'écriture Web demande de la concision car nous lisons 25 % plus lentement à l'écran. Seuls 16 % des lecteurs Web lisent mot à mot, 79 % balaient les textes. Les titres sont cinq fois plus lus que les textes.

Insight

One does not read a text on paper as one does on a computer screen. Writing for online media requires concision because people read 25% more slowly using a screen. Only 16% of Web users actually read every word, whereas 79% skim the text. Headlines are read five times more often than texts.

Pourquoi l'utiliser ?

Objectif

L'e-mailing reste l'outil de communication de référence. Il doit permettre de mettre en avant les avantages de produits ou services offerts.

Contexte

La CNIL (Commission nationale informatique et libertés), qui a pour mission la protection de la vie privée et des libertés individuelles ou publiques, met en avant cinq règles d'or de protection des données personnelles : finalité, proportionnalité, droit à l'oubli, sécurité des données, respect des droits des personnes. Les règles sont plus souples en B to B qu'en B to C (s'informer sur *www.cnil.fr*).

Comment l'utiliser ?

Étapes

1. Mettre en avant les avantages de votre produit ou service

Classez les avantages et les inconvénients de votre offre par rapport à vos concurrents. Puis qualifiez en exclusif ou commun. Les avantages exclusifs sont les avantages en lien direct avec le positionnement de votre offre, permettant de vous différencier. Les avantages communs sont les avantages plus classiques, communs aux offres des concurrents.

2. Structurer votre argumentation

Être conscient que pour le client, ce n'est pas la caractéristique technique du produit qui est importante, mais le bénéfice qu'il va en retirer. Chaque argument présente un avantage, une preuve et un bénéfice :

› **Avantages/concurrents.** Avantages qu'apporte le produit ou le service : technique, esthétique, pratique.

› **Preuves de ces avantages.** Crédibiliser l'argument avec des chiffres clés, un nombre de clients satisfaits, des témoignages clients, des démonstrations, des échantillons, un label.

› **Bénéfices pour le client.** Répondre à la question : *Est-ce adapté au besoin du client* ? La meilleure formule pour répondre à ce point : *Pour vous, monsieur le client... cela vous apporte...*

3. Suivre les retombées de l'e-mailing

Les indicateurs les plus courants sont : **taux d'ouverture** (nombre de mails ouverts / nombre de mails envoyés) ; **taux de répondants** (nombre de répondants / nombre de mails envoyés) ; **taux de transformation** (nombre de commandes / nombre de répondants) ; **retour sur investissement** (marge générale / coût du mailing).

Écrire pour le Web ou l'art de micro-contenu : être concis, peser chaque mot.

Méthodologie et conseils

Pour s'assurer que l'e-mailing soit rapidement lu :

› Prévoir un format court = 100 mots maximum si possible.

› Délivrer l'essentiel dans les 3 premières lignes.

› Préciser la source de l'adresse en prospection.

› Structurer et aérer la mise en page (titres, paragraphes...).

Pour s'assurer que l'e-mailing incite à l'action :

› Focaliser sur une idée-force, un message.

› Fournir des éléments de réponse aux questions que peut se poser l'internaute.

› Utiliser un style percutant, direct, des mots simples, des verbes d'action.

› Mettre des images (en nombre et format raisonnables). ■

Avantages

- Un e-mailing demeure peu onéreux par rapport à d'autres médias de communication.

Précautions à prendre

- Adapter sa communication au mode de lecture des internautes.
- Donner plus d'importance aux mots qu'aux images.

SUITE OUTIL 28 →

OUTIL 28

Réaliser un e-mailing

Comment être plus efficace ?

Typologie des e-mailings

Typologie	Message principal	Exemple	Tendance
• Push « promotionnels »	• Envoi en masse • Promotion, découverte produit ou service, toute information prioritaire pour l'entreprise	• Invitation à un pop-up	• Réduire la fréquence de ce type d'e-mails • Ne pas systématiquement envoyer à toute la base de contacts
• Abonnements	• Welcome pack • Identifier les préférences de l'abonné	• Newsletters • Alertes e-mails	• Travailler sur la valeur de l'information envoyée • Segmenter le plus possible les contacts (passer de « *one to many* » à « *one to few* »)
• Tigger e-mails	• Tout e-mail envoyé par l'internaute suite à un évènement ou un changement de comportement, de profil, de statut • E-mail envoyé individuellement	• Anniversaire • Abandon de panier anniversaire	• Fréquence en fonction de l'occurrence du changement ou de l'évènement
• E-mails transactionnels	• Tous les e-mails envoyés suite à une transaction (complète ou partielle) sur le site • Fort taux d'ouverture	• Confirmation d'achat • Suivi de commande	• Meilleure utilisation marketing/communication de ces e-mails • Cross-selling

Règles pour la collecte des données

La loi sur la confiance dans l'économie numérique (LCEN juin 2004), impose certaines obligations en termes d'e-mailing :

1. **Déclaration de votre base de données : tous les fichiers de contacts en votre** possession doivent être déclarés à la CNIL (*www.cnil.fr*).

2. **Mentions légales à faire apparaître sur le formulaire :**

a. Extrait site CNIL :

« Les informations recueillies font l'objet d'un traitement informatique destiné à… (préciser la finalité. Les destinataires des données sont… (à préciser). Conformément à la loi « informatique et libertés » du 6 janvier 1978 modifiée en 2004, vous bénéficiez d'un droit d'accès et de rectification aux informations qui vous concernent, que vous pouvez exercer en vous adressant à… (préciser le service et l'adresse). Vous pouvez également, pour des motifs légitimes, vous opposer au traitement des données vous concernant. »

b. Attention aux dispositions particulières pour les mineurs, au cas où ils sont votre cible

3. **Nécessité d'obtenir le consentement préalable de l'internaute :**

a. En B to B, demande de consentement non obligatoire à condition que l'activité de l'expéditeur et du destinataire soient complémentaires. Exemple : *« Souhaitez-vous recevoir des offres commerciales de (nom de votre entreprise) pour votre activité professionnelle. Si oui, cliquez ici. »*

b. L'internaute doit facilement pouvoir se désabonner.

EXEMPLES L'identification du message

L'identification du message se fait par :

1. L'expéditeur est le 1° facteur d'ouverture d'un e-mail. L'idéal est d'être connu du destinataire. Viser 16 caractères.
2. L'objet du message est le 2e facteur d'ouverture d'un e-mail. Il doit être directement lié au message principal. Viser environ 50 caractères. Mettre les mots cruciaux en début d'objet.

Exemple d'identification du message pour augmenter le taux d'ouverture de l'e-mailing	• « Plus que 3 jours pour bénéficier de votre offre... » • « Nom de l'entreprise (produit ...) Jusqu'à –70 % » • « Se termine ce soir ! Economisez.... » • « Jusqu'à 20 % de réduction ... » • « Offre... : laissez libre cours à vos envies » • « Envoi de 2 bagues, la troisième offerte » • « –10 % sur ... pour l'un de vos amis » • « Décoration : nos meilleures ventes » • « Plus que quelques places disponibles » • « Tout ce que vous devez savoir sur.... » • « Exceptionnel : –5 % sur tous les produits » • « Tous les conseils qui vous ressemblent pour... » • « Ce que vous avez le plus aimé sur.... »
Exemples d'identification du message pour personnaliser votre e-mailing	• « Qu'attendez-vous pour utiliser votre bon d'essai ? » • « Qu'attendez-vous pour utiliser votre bon de réduction ? » • « Envie d'une composition florale personnelle, c'est ici ! » • « Votre commande... a été expédiée » • « Mme... votre lettre d'avril » • « Nom de votre entreprise, commande n°... : expédiée » • « Mme... ressourcez-vous avec (nom de l'entreprise) » • « Mr Y : opération parrainage, gagnez 40 € » • « Mme... 25 € offerts tous les 100 € d'achat »

OUTIL 29

Se faire connaître sur les médias sociaux

LES 3 TYPES DE RÉSEAUX SOCIAUX

Réseaux sociaux d'entreprise (Lotus Connections, Bluekiwi, Socialtext...)

Ils offrent aux salariés la possibilité de partager leurs expériences au travers d'un espace de collaboration interactif. Ces outils généralement disponibles sur l'intranet de l'entreprise, proposent de nouvelles perspectives de mise en valeur des collaborateurs. On peut ainsi y détecter des ressources non encore identifies sur des compétences transverses.

Réseaux sociaux professionnels (LinkedIn, Viadeo, Xing'...)

Ils permettent de se créer une liste de contacts utiles au business. Ces nouveaux liens directs sont une source de développement potentiel pour les professionnels. Que ce soit pour le recrutement ou pour la recherche de clients ou de fournisseurs.

Réseaux sociaux personnels (Facebook, Twitter, Pinterest...)

Ils sont originellement destinés aux particuliers. Ils voient se mettre en place une forte activité de communication de la part des entreprises auprès des membres de ces réseaux. Ils offrent notamment la possibilité d'établir un relationnel direct avec les clients de la marque ou de l'entreprise et d'anticiper leurs attentes.

En résumé

Viadeo et LinkedIn sont des réseaux sociaux professionnels, que vous pouvez utiliser à des fins commerciales. Twitter et Facebook offrent la possibilité aux entreprises de créer des pages professionnelles sous leur nom.

Insight

Video and LinkedIn are professional social networks you can use for business purposes. Twitter and Facebook offer enterprises the possibility of creating their own corporate webpages.

Pourquoi l'utiliser ?

Objectif

Les réseaux sociaux sont très utiles pour donner de la visibilité à son offre et toucher un auditoire large. Prendre le temps de se construire une présence solide en ligne permet de gagner de nouveaux clients.

Contexte

Lorsque vous êtes présent sur un site communautaire type Facebook ou Twitter, les internautes vous identifient en surfant sur le réseau concerné. Ceux qui sont inscrits sur Viadeo et LinkedIn vous trouvent en faisant une recherche thématique.

Comment l'utiliser ?

Étapes

1. Utiliser Linkedin et Viadeo

Se créer un profil sur ces deux réseaux sociaux ouvre des possibilités pour trouver de futurs clients en ayant accès aux réseaux de vos contacts et en utilisant leurs moteurs de recherche. Pour être plus visible, s'abonner aux groupes en rapport avec votre activité et qui fonctionnent bien, et apporter votre savoir-faire à la communauté. Lorsqu'un client est satisfait, lui demander de publier en ligne une recommandation sur votre offre.

2. Créer un blog

Le blog est l'opportunité de promouvoir votre entreprise et de présenter votre offre. Via l'interface d'administration (Wordpress, Blogger, Tumblr...), publier des articles de fond qui ont pour finalité d'informer les visiteurs, et non de faire de la vente en ligne. Pour être efficace :

- Établir une stratégie éditoriale et la suivre.
- Créer du contenu de haute qualité dans le but d'inspirer les visiteurs à acheter.
- Préférer le *storytelling* et des données factuelles pour présenter votre offre.
- Écrire des articles de 2000 mots et plus.
- Insérer des mots clés informationnels et commerciaux pour attirer plus l'attention des moteurs de recherche.

Encourager les internautes à laisser des commentaires pour obtenir des retours sur votre offre. Répondez aux commentaires en personnalisant vos réponses afin de créer un lien de proximité avec vos visiteurs.

3. Être présent sur Facebook

Une présence sur Facebook présente des avantages : de l'audience, de la viralité potentielle, une facilité d'interactions, et un référencement dans Google. Donnez-vous des objectifs clairs en termes de quantité de Fans, de qualité d'interactions et de viralité. Animez la page en paramétrant les options d'affichage et de participation.

Méthodologie et conseils

Pour renforcer votre impact sur les réseaux sociaux, vous pouvez :

- Prendre un abonnement payant sur Viadeo et LinkedIn pour bénéficier de plus de possibilités de networking.
- Synchroniser vos actions sur les différents médias sociaux en créant des liens entre vos différents comptes (Viadeo, LinkedIn, Facebook) et le blog.
- Élargir votre présence avec un compte Twitter qui est un bon outil de veille pour repérer des « fans », dialoguer avec ses clients. ■

Avantages

- Selon une étude ThinkCreative, les entreprises ayant un blog, alimenté régulièrement, reçoivent 126 % de leads qualifiés supplémentaires.

Précautions à prendre

- Avant de commencer la promotion de votre activité sur le Web, prenez le temps de vérifier votre e-réputation, et veiller à la surveiller régulièrement.

OUTIL
30

Réserver un nom de domaine

PROCESSUS DE RÉSERVATION D'UN NOM DE DOMAINE

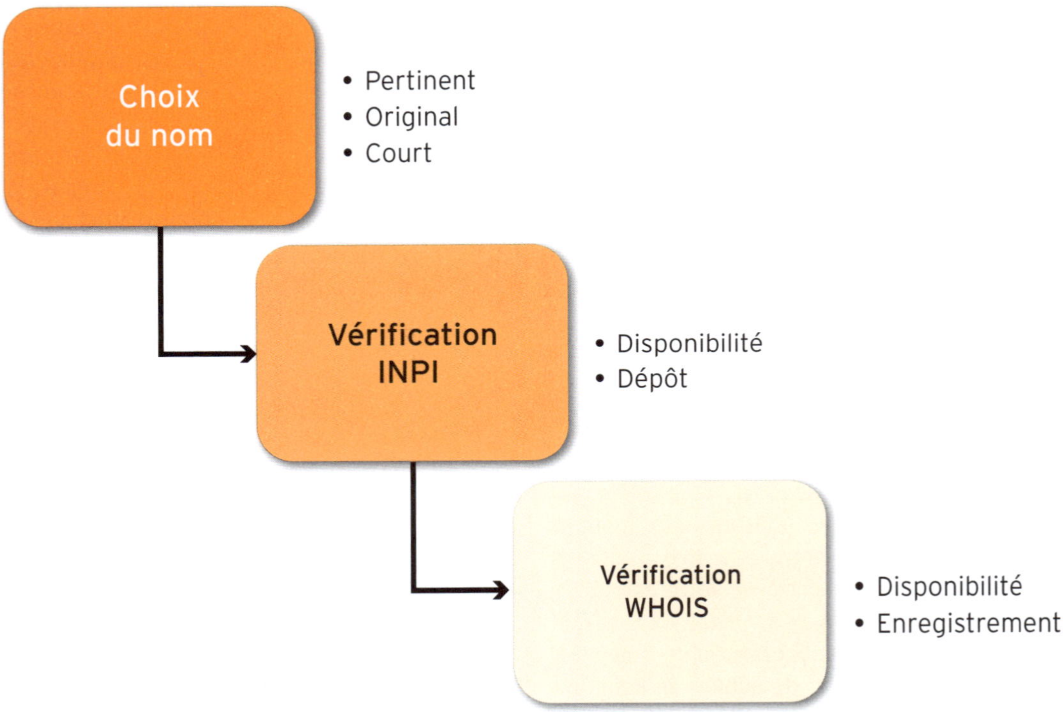

En résumé

Un nom de domaine est un identifiant de la marque ou de l'entreprise sur le Web. À ce titre, il représente l'identité commerciale de celle-ci et le choix doit donc être fait avec soin. Etant le premier contact de votre entreprise avec vos correspondants, il doit être porteur de d'une idée ou d'une identité.

Insight

On the Web, a domain name serves as an identifier for your brand or company: it represents its commercial identity. Therefore the domain name should be chosen with care. Since it embodies the very first contact users will have with your enterprise, it should serve as an emblem for an idea or an identity.

https://goo.gl/aA6y5D

Les étapes pour réserver un nom de domaine

Pourquoi l'utiliser ?

Un nom de domaine est délivré pour une période donnée et doit être régulièrement renouvelé.

Objectif

Le choix du domaine dépend du type d'organisation ou de son activité. Il dépend également de la zone géographique sur laquelle s'étend cette organisation ou cette activité. Par exemple, une société commerciale internationale réservera nécessairement un « .COM », alors qu'une entreprise française à vocation nationale choisira plutôt un « .FR ».

Contexte

La réservation d'un nom de domaine est soumise à quelques règles. En France, l'AFNIC (Association Française pour le Nommage Internet en Coopération - *www.nic.fr*) gère tous les domaines de la zone « .FR ».

Les noms de domaine de l'Internet sont gérés par un organisme international, l'IANA (*International assigned numbers authority*). Ceux-ci sont enregistrés dans une base de données appelée « Whois » et accessible à l'adresse : *www.iana.org/domains/root/db*.

Comment l'utiliser ?

Étapes

Un nom de domaine est réservé pour une durée d'un an ou plus. Il doit être renouvelé à l'issue de cette période auprès du *registar* ou de l'hébergeur. Certains prestataires proposent un système de renouvellement automatique.

1. Vérifier la disponibilité du nom auprès d'une base WHOIS

a. Saisir le mot-clé dans un moteur de recherche

b. Sélectionner un site d'un bureau d'enregistrement (*registrar*) pour vérifier la disponibilité du nom.

c. Pour un domaine « .FR », aller sur le site de l'AFNIC pour effectuer la recherche (*www.afnic.fr*).

4. Réserver le nom de domaine

Deux options possibles :

a. En préventif, on peut acheter un ou plusieurs noms de domaine auprès d'un bureau d'enregistrement ou d'un prestataire d'hébergement, sans pour autant avoir de site Web à mettre en ligne dans l'immédiat.

b. Si la mise en ligne du site Web est proche, il est conseillé d'acquérir un pack d'hébergement auprès d'un prestataire (exemple : OVH), qui inclura nécessairement un ou plusieurs noms de domaine en fonction de l'offre choisie.

Méthodologie et conseils

L'achat d'un nom de domaine peut se faire auprès d'un :

1. Bureau d'enregistrement ou *registar*

› Avantage : possibilité de réserver autant de noms de domaine que l'on veut, même si le site Web n'est pas encore en ligne

› Inconvénient : procéder au transfert du domaine vers le prestataire d'hébergement.

2. Hébergeur

› Avantages : les noms de domaine sont inclus dans les packages d'hébergement et n'entraînent pas de surcoût.

› Inconvénient : lié à une offre d'hébergement. ■

Avantages

- Le tarif de réservation d'un nom de domaine étant très faible, il peut être judicieux de réserver plusieurs noms de domaine.

Précautions à prendre

- Vérifier la disponibilité du nom de domaine sous plusieurs suffixes, mais aussi dans différentes variantes orthographiques.
- Utiliser des mots clés dans votre nom de domaine.

OUTIL 31

Référencer et promouvoir ses plates-formes Web

LES DIFFÉRENTS TYPES DE RÉFÉRENCEMENT

SEO *Search Engine Optimization*	Référencement dit naturel par l'optimisation du contenu et mots clés du contenu du site, et la prise en compte des liens entrants.
SEM *Search Engine Marketing*	Référencement dit payant visant à augmenter le nombre de fois où un internaute va avoir une occasion d'être mis en contact avec le site grâce aux moteurs (type AdWords).
SEA *Search Engine*	Référencement payant visant à acheter de l'espace publicitaire sur les moteurs de recherche (type AdWords Express) et sur les sites affiliés...
SMO *Search Media Optimization*	Référencement par les médias sociaux : Facebook, Google+, Twitter...

En résumé

Le référencement désigne les méthodes et techniques permettant d'augmenter le trafic d'un site Web. Le référencement payant (SEM/SEA) consiste en l'achat de mots clés par opposition au référencement naturel (SEO) automatique en fonction d'un algorithme complexe.

Insight

Web promotion and referencing are techniques that help you increase your website traffic. Two paid options are SEM (Search Engine Marketing) and SEA (Search Engine Advertising): you acquire keywords to ensure that people "click through" to your business. On the other hand, SEO (Search Engine Optimization) is free and automatic: it depends on the functioning of a complex algorithm.

Pourquoi l'utiliser ?

Objectif

Un bon référencement permet d'augmenter sa visibilité sur internet, de générer plus de trafic sur son site Web, et donc de développer son chiffre d'affaires.

Contexte

Depuis une quinzaine d'années, le référencement naturel (SEO) est devenu prioritaire pour communiquer sur le Web. Cela passe par la réalisation d'un contenu riche, régulièrement mis à jour et structuré autour des mots clés utilisés par votre cible.

Comment l'utiliser ?

Étapes

› Référencement naturel SEO

Les éléments pris en compte pour le référencement sont : le titre de la page, les mots utilisés dans la page, le caractère unique de la page, les liens internes et externes du site, l'ancienneté de la page, les balises, la variété et le pourcentage de changement de contenu.

1. Utiliser des mots clés

Créer du contenu qui correspond aux termes exacts que les internautes rentrent sur internet dans le moteur de recherche. Choisir au minimum les 10 mots clés prioritaires parlant pour les utilisateurs (pas le jargon interne). Pour vous aider dans ce choix, vous pouvez consulter le générateur de mots clés de Google AdWords. Privilégier les mots clés dits de « longue traine », c'est-à-dire ceux obtenus en demandant « plus de mots clés ».

2. Créer du contenu à valeur ajoutée

Ce qui importe avant tout est le contenu de votre site. Il n'existe pas de normes prédéfinies pour écrire sur le Web. Dans la mesure où 79 % des internautes ne font que parcourir rapidement les pages, il est recommandé de tout dire en 6 questions : Qui ? Quoi ? Où ? Quand ? Comment ? Pourquoi ?

Adopter un style courant, clair, simple et concis. Structurer le contenu de la page en titres, chapeaux, paragraphes... Les moteurs étant sensibles à la profondeur de l'arborescence du site, plus on avance sur le site plus le contenu doit être précis.

Les moteurs peuvent générer jusqu'à 40 % de trafic sur un site.

› Référencement SEM/SEA

3 techniques sont envisageables :

- Technique d'affiliation : promotion de son offre sur des sites partenaires rémunérés.
- Techniques d'achats de mots-clés avec des coûts variables en fonction de l'option choisie : CPM (Coût pour Mile), CPC (Coût Par Clic) ou, CPL (Coût Par Lead) ou CPA (Coût Par Acquisition).
- Utilisation de bannières : l'IAB (International advertising bureau) veille à la normalisation des formats de bannières.

› Référencement SMO

Utiliser les médias sociaux du Web : cf outil 29.

Méthodologie et conseils

Les actions essentielles :

› Donner un titre descriptif d'environ 5 à 8 mots à chaque page Web (balise <title>)

› Renseigner correctement les titres intermédiaires H1, H2... selon leur importance ;

› Accompagner systématiquement les images d'un titre et d'un mot clé qui décrit l'image (utiliser une balise « ALT ») afin de la positionner dans les recherches spécifiques

› Utiliser des caractères en gras et/ou en haut de page qui pèsent plus de poids dans le référencement. ■

Avantages

- Créer des pages qualitatives qui attirent les visiteurs sur votre plate-forme.

Précautions à prendre

- Se mettre à la place de l'internaute qui doit trouver le plus rapidement possible ce qu'il cherche.

DOSSIER

5 PRÉPARER SON INSTALLATION

Le projet de création arrive dans sa phase finale, le micro-entrepreneur doit s'assurer d'avoir franchi toutes les étapes menant à son installation.

Certaines opérations fondamentales conditionnent le lancement effectif de l'activité, celles-ci concrétisent l'acte de naissance de la micro-entreprise. Pour y parvenir, le futur micro-entrepreneur devra réaliser une *check-list* des dernières tâches à accomplir et vérifier qu'il ne subsiste aucun obstacle majeur empêchant le lancement de son activité le jour J. Une ultime phase, à l'issue de laquelle le porteur de projet aura la satisfaction d'avoir su mener à bien le processus de création de sa micro-entreprise. À n'en pas douter, un premier succès notable dont il pourra être fier.

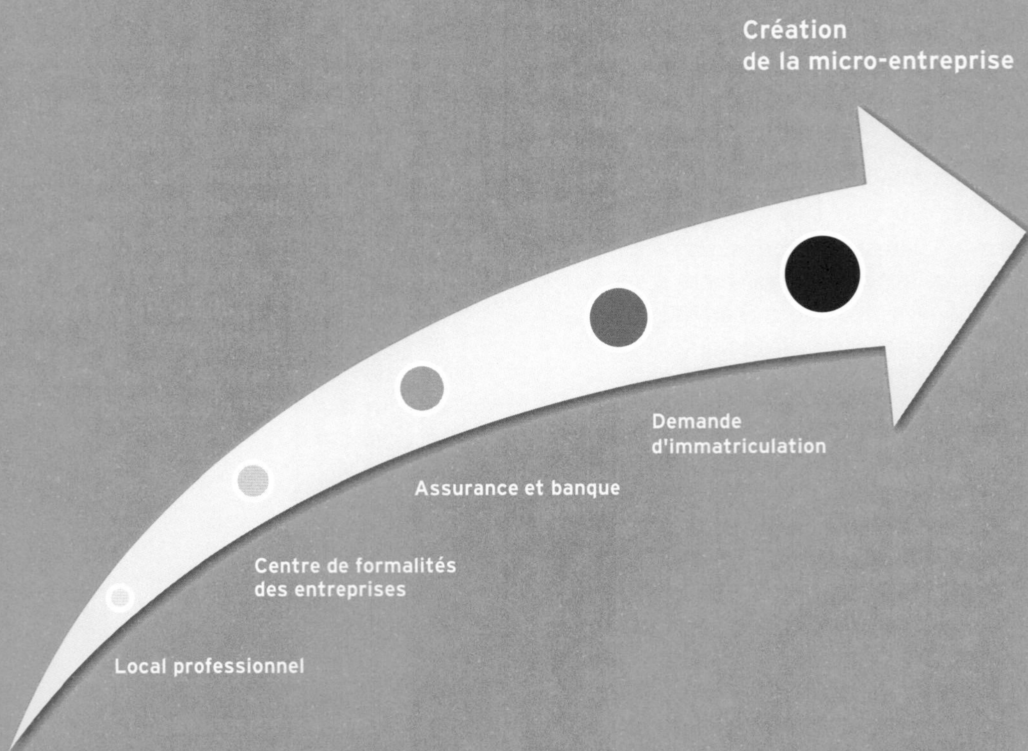

DOSSIER 5

Mettre en place moyens et outils

Le micro-entrepreneur doit disposer de moyens suffisants pour faire fonctionner son activité. Ces moyens concernent notamment ceux qui conditionnent l'exercice même de l'activité, comme le local professionnel ou les outils techniques (ordinateur, mobilier, outillage spécifique, etc.) sans lesquels le micro-entrepreneur ne peut travailler.

Contacter le centre de formalités des entreprises

Le CFE, premier contact du micro-entrepreneur sera sa porte d'entrée vers le monde de la création d'entreprise. C'est d'abord par son intermédiaire que se fera l'immatriculation de la micro-entreprise auprès des services de l'INSEE pour l'obtention du numéro de SIREN.

Pour les activités artisanales et commerciales le CFE représente également la chambre consulaire dont ils dépendent (CCI ou CMA). Ces chambres consulaires peuvent apporter une aide précieuse au porteur de projet, sous forme de conseils ou de formations.

Lancer son activité

Avant de se lancer dans le « grand bain », le micro-entrepreneur doit répondre aux obligations légales que lui impose sa structure juridique. Parmi celles-ci, l'ouverture d'un compte bancaire dédié et la souscription d'un contrat d'assurance responsabilité professionnelle sont des passages obligés.

Au-delà de ces règles à respecter pour le lancement de son activité, il lui faudra aussi penser à préparer ses documents commerciaux, ses modèles de devis et de facture, fignoler ses outils de communication...

Enfin, l'implantation d'une micro-entreprise sur le territoire d'une commune, impose des contacts avec les acteurs locaux qu'il sera intéressant de rencontrer afin de nouer des relations utiles pour son activité.

LES OUTILS

OUTIL 32

Rôle et choix du CFE

LES DIFFÉRENTS CFE

Chambre de commerce

- activité commerciale

Chambre des métiers

- activité artisanale

URSSAF

- activité libérale

En résumé

Le centre de formalités des entreprises (CFE) est l'interlocuteur n° 1 des créateurs d'entreprise.

C'est l'activité exercée qui détermine principalement le CFE de rattachement.

Insight

In France, business start-up centers (CFE's) are the main interlocutor for anyone who wants to start a business.

The type of activity you pursue determines which CFE you should contact.

Pourquoi l'utiliser ?

Objectif

Le rôle du CFE est d'enregistrer l'entreprise auprès des registres concernés pour leur permettre d'obtenir un numéro d'immatriculation SIREN (Système d'identification du répertoire des entreprises) et un code APE (Activité principale exercée). L'immatriculation au répertoire SIRENE de l'INSEE officialise la création et l'existence de l'entreprise.

Contexte

Certains CFE comme les chambres de commerce ou des métiers, proposent des séances d'information ou des formations pour les porteurs de projet.

Comment l'utiliser ?

Étapes

Deux critères déterminent le choix du CFE :

1. l'activité exercée (voir ci-dessous) ;
2. la localisation de l'entreprise (au plus près pour des raisons pratiques).

Activité :

› **Commerciale** : Chambre de commerce et d'industrie.

› **Artisanale** : Chambre des métiers et de l'artisanat.

› **Libérale** : URSSAF (Union de recouvrement de sécurité sociale et d'allocations familiales).

Les micro-entrepreneurs artisans ou commerçants doivent s'inscrire obligatoirement au registre des métiers ou / et du commerce suivant leur activité.

Les artisans sont également dans l'obligation de suivre le stage de préparation à l'installation (SPI) préalablement à la demande d'immatriculation.

Enfin, artisans et commerçants sont assujettis à la taxe pour frais de chambre :

– CCI

› 0,044 % du CA si vous exercez une activité de prestations de services ;

› 0,015 % du CA si vous exercez une activité de vente de marchandises.

– CMA

› 0,48 % du CA pour les activités de prestations de services artisanales (0,65 % du CA en Alsace et 0,83 % du CA en Moselle) ;

› 0,22 % du CA pour les activités d'achat revente (0,29 % du CA en Alsace et 0,37 % du CA en Moselle).

Contacter rapidement son CFE pour y rencontrer des professionnels et bénéficier de leurs conseils.

Méthodologie et conseils

Les chambres consulaires (commerce et industrie, métiers et artisanat), proposent de nombreux services aux créateurs et chefs d'entreprise. Que ce soit dans le domaine de la formation, de l'accompagnement ou de l'aide au développement. Bien sûr, suivant la zone géographique, les services offerts peuvent varier.

Quelle que soit la situation, il est intéressant de conserver un contact privilégié avec le CFE dont on dépend, afin de pouvoir y recourir en cas de besoin.

En revanche, le rôle de l'URSSAF n'est pas d'aider ou d'accompagner les entreprises, mais de collecter des cotisations sociales. Le fait que les professions libérales soient rattachées à cet organisme ne leur donne donc pas les mêmes avantages en termes de services.

L'INSEE publie une liste des CFE par activité : *www.insee.fr/fr/service/default.asp?page=entreprises/sirene/liste-CFE.htm.* ■

Avantages

- Bénéficier de conseils et d'interlocuteurs professionnels grâce à son CFE.
- Obtenir toutes les informations nécessaires à l'immatriculation de son entreprise.

Précautions à prendre

- Prendre RV en début de projet.
- S'informer sur les services offerts et leur coût.

OUTIL 33

La demande d'immatriculation

LE FORMULAIRE PO CMB

PO CMB
MICRO-ENTREPRENEUR

DECLARATION DE DEBUT D'ACTIVITE COMMERCIALE ET / OU ARTISANALE

PERSONNE PHYSIQUE

RESERVE AU CFE MGUIDBEFKT
Déclaration n°...
reçue le...
transmise le...

1 **Avez-vous déjà exercé une activité non salariée** ☐ **oui** ☐ **non** Si oui, rappelez votre numéro unique d'identification I_I_I_I_I_I_I_I_I_I

POUR FACILITER VOTRE DÉCLARATION, REPORTEZ-VOUS À LA NOTICE
Remplir dans tous les cas les cadres N°1, 2, 7, 9, 11, 12, 15, 16, 18, 19 Selon votre situation les cadres N°3, 4, 5, 5bis, 6, 8, 10, 13, 14, 17

DÉCLARATION RELATIVE À LA PERSONNE

2 **NOM DE NAISSANCE**...
Nom d'usage...
Prénoms ... Pseudonyme...
Nationalité ... Sexe ☐ M ☐ F
Né(e) le I_I_I_I_I_I_I_I_I Dépt. I_I_I_I Commune / Pays...
☐ Le mineur émancipé est autorisé à être commerçant par décision judiciaire
Domicile: *rés., bât., n°, voie, lieu-dit* ...
...
Code postal I_I_I_I_I_I Commune / Pays...
Forain ☐ Commune de rattachement administratif : Code postal I_I_I_I_I_I
Nom de la commune...
Pour l'adresse de correspondance, remplir le cadre 18

4 **CHOIX D'UN STATUT POUR LE CONJOINT MARIÉ OU LE PARTENAIRE LIÉ PAR UN PACS TRAVAILLANT RÉGULIEREMENT DANS L'ENTREPRISE**
☐ Conjoint ou pacsé collaborateur (*remplir cadre 13*) ☐ Conjoint ou pacsé salarié

5 **DÉCLARATION D'INSAISISSABILITÉ DE BIEN(S) FONCIER(S)**
☐ Déclaration publiée au service de publicité foncière ou livre foncier de ...

5 B **ENTREPRENEUR INDIVIDUEL À RESPONSABILITÉ LIMITÉE (EIRL)**
☐ Déclaration initiale d'affectation de patrimoine ou reprise d'un patrimoine affecté :
Vous devez remplir l'intercalaire PEIRL CMB

6 ☐ **AUTRE(S) ÉTABLISSEMENT(S) SITUÉ(S) DANS UN AUTRE ÉTAT DE L'UNION EUROPÉENNE OU DE L'EEE.** Indiquer cet ou ces établissement(s) sur l'intercalaire P0'

3 **AIDE AUX CHOMEURS CRÉATEURS OU REPRENEURS D'UNE ENTREPRISE (ACCRE)**
Une demande d'ACCRE est déposée avec cette déclaration, dans ce cas, vous devez remplir l'imprimé spécifique

DÉCLARATION RELATIVE A L'ÉTABLISSEMENT ET À L'ACTIVITÉ

7 **ADRESSE DE L'ENTREPRISE** *Remplir cadre 8* { ☐ Etablissement où vous exercez votre activité ☐ Dans une entreprise de domiciliation
☐ Votre domicile personnel *passer au cadre 9*

7 B ☐ Ambulant ressortissant de l'U.E. ou de l'E.E.E *préciser le code postal et la commune du marché principal* : I_I_I_I_I_I_I_I_I_I...

8 **ADRESSE DE L'ÉTABLISSEMENT** *rés., bât., app., étage, n°, voie, lieu-dit*...
...
Code postal I_I_I_I_I_I_I_I_I Commune...
DOMICILIATAIRE : Numéro unique d'identification I_I_I_I_I_I_I_I_I_I
Nom du domiciliataire...

9 **DATE DE DÉBUT D'ACTIVITÉ** I_I_I_I_I_I_I_I_I
Activité : ☐ Permanente ☐ Saisonnière / ☐ Non sédentaire (Ambulant ou Forain)
Activités exercées ...
...
...
Pour l'activité principale, préciser en ne cochant qu'une seule case :
☐ Commerce de détail en magasin (surface: m^2)
☐ Commerce de détail sur marché ☐ Commerce de détail sur Internet
☐ Commerce de gros ☐ Fabrication, production
☐ Bâtiment, travaux publics ☐ Autre *préciser*...

10 NOM COMMERCIAL / NOM PROFESSIONNEL :
...
ENSEIGNE...

11 **EFFECTIF SALARIÉ** : ☐ non ☐ oui, nombre : I___I dont : I__I apprentis I__I VRP
Vous embauchez un premier salarié ☐ oui ☐ non

12 **ORIGINE DU FONDS** ☐ Création *passer directement au cadre suivant*
☐ Location - Gérance ☒ ☒ Gérance - Mandat
☐ Achat, Partage, Licitation
☐ Autre ...
Précédent exploitant : N°unique d'identification I_I_I_I_I_I_I_I_I_I
Nom de naissance / Dénomination...
Nom d'usage ... Prénoms...
Location-Gérance ou Gérance-Mandat :
Dates du contrat : Début I_I_I_I_I_I_I_I_I fin I_I_I_I_I_I_I_I_I
Renouvellement par tacite reconduction ☐ oui ☐ non
Loueur du fonds ou Mandant du fonds :
Nom de naissance /Dénomination...
Nom d'usage... Prénoms...
Domicile /Siège...
Code postal I_I_I_I_I_I Commune...
Pour la gérance- mandat : N°unique d'identification du mandant I_I_I_I_I_I_I_I_I_I
Greffe d'immatriculation...
Achat, Partage, Licitation: Journal d'Annonces Légales (sauf pour fonds artisanal et achat dans le cadre d'un plan de cession) Date de parution I_I_I_I_I_I_I_I_I
Nom du journal...

Elle leur garantit un droit d'accès et de rectification, pour les données les concernant, auprès des organismes destinataires de ce formulaire.

Formulaire à télécharger sur : *www.service-public.fr/professionnels entreprises/vosdroits/R39180*

En résumé

La demande d'immatriculation d'une micro-entreprise est réalisée grâce à un unique formulaire à transmettre à son CFE.

Chaque information doit y être scrupuleusement renseignée avec toute l'attention requise pour éviter des désagréments ultérieurs.

Insight

You should apply to register your micro-business by filling out the global form that applies in all cases, and transmitting it to your business start-up center (CFE).

Make sure to scrupulously fill out all the required information in order to avoid ulterior mishaps.

Pourquoi l'utiliser ?

Objectif

L'existence juridique d'une entreprise commence par une demande d'immatriculation auprès des services de l'INSEE. C'est la première véritable démarche administrative que doit accomplir le micro-entrepreneur. Celle-ci entraînera par la suite, la déclaration de son entreprise auprès des différents organismes sociaux et fiscaux dont elle dépendra, sans que le micro-entrepreneur ait d'autres démarches à effectuer.

Contexte

Pour réaliser cette déclaration, le micro-entrepreneur doit remplir un formulaire de déclaration de début d'activité, appelé formulaire « PO CMB Micro-entrepreneur » pour les commerçants et artisans ou « PO PL Micro-entrepreneur » pour les professions libérales.

Les formulaires PO peuvent être téléchargés sur le site du service public :

- PO CMB : www.service-public.fr/professionnels-entreprises/vosdroits/R39180
- PO PL : www.service-public.fr/professionnels-entreprises/vosdroits/R19814
- Les ex-auto-entrepreneurs peuvent quant à eux remplir ce formulaire en ligne sur le site qui leur est consacré : *www.cfe.urssaf.fr/autoentrepreneur/CFE_Declaration*.

Comment l'utiliser ?

Étapes

1. **Rassembler les informations nécessaires :**

- dépôt éventuel d'une demande d'ACCRE ;
- protection de son patrimoine (déclaration d'insaisissabilité et/ou création d'une EIRL) ;
- lieu de domiciliation et d'exercice de l'activité ;
- situation sociale (choix de l'organisme, activité complémentaire, ...) ;
- option fiscale (prélèvement libératoire ou déclaration de revenus).

2. **Remplir le formulaire de façon très précise**

- imprimer le formulaire pour rédiger un premier brouillon et s'assurer de la justesse des informations fournies ;
- pour les commerçants et artisans, les cadres 7 à 12 doivent être renseignés avec beaucoup d'attention ;
- le cas échéant, distinguer clairement activité principale (celle qui générera le CA le plus important) et activités secondaires.

Les conseils du CFE peuvent éviter des erreurs au moment de remplir le formulaire de déclaration de début d'activité.

Méthodologie et conseils

Les informations fournies sur ce formulaire administratif doivent être renseignées avec la plus grande attention, certaines erreurs ou imprécisions peuvent parfois engendrer des conséquences importantes sur l'activité future du micro-entrepreneur (mauvais code APE, taux de cotisations sociales ne correspondant à l'activité réellement exercée, etc.).

Des corrections peuvent être effectuées par la suite, mais des délais, semaines ou mois, sont parfois nécessaires et certaines procédures sont ensuite payantes. ■

Avantages

- Un formulaire unique, rapide à compléter, pouvant être renseigné en ligne.
- Un accusé de réception immédiat permet de commencer à facturer sans avoir à attendre la confirmation par courrier postal (généralement sous quinzaine) et l'obtention du numéro de SIREN.

Précautions à prendre

- Ne pas remplir le formulaire à la va-vite sous prétexte que la procédure est simple.
- Bien réfléchir aux informations fournies et à la formulation utilisée pour décrire son activité. Le classement dans la base NAF et les taux de cotisations en dépendent.

OUTIL 34

Le local professionnel

TROIS POSSIBILITÉS

Domicile

Local dédié

Pépinière d'entreprises

En résumé

On distingue deux types de lieux professionnels :

1. le lieu de domiciliation, siège social de l'entreprise ;
2. le lieu d'exercice de l'activité qui peut être confondu avec le lieu de domiciliation dans certains cas, ou être séparé.

Insight

One should distinguish two types of professional locations:

1. *the registered company seat (location of headquarters)*
2. *the location where the business activity takes place, not necessarily identical with the registered company seat.*

Pourquoi l'utiliser ?

Objectif

La domiciliation de l'entreprise correspond à son adresse administrative et doit être déclarée lors de la demande d'immatriculation au CFE. La jouissance du local déclaré comme siège social doit pouvoir être justifiée. Sans domiciliation, l'immatriculation est refusée. L'adresse des locaux professionnels doit figurer sur tous les documents commerciaux (devis, factures, etc.).

Contexte

Le choix du local professionnel est une étape importante pour le créateur d'entreprise. D'autant plus importante si l'exercice de son activité nécessite un local dédié (commerce par exemple). Si le domicile peut être utilisé dans la plupart des cas comme lieu de domiciliation, il n'en est pas forcément de même pour le lieu d'exercice de l'activité si celle-ci entraîne la réception de clientèle ou de marchandises.
En effet, la règlementation distingue clairement les deux lieux et les contraintes imposées concernent principalement le lieu d'exercice. Ces contraintes ne sont pas identiques sur tout le territoire, suivant que l'on habite dans une commune de moins ou de plus de 200 000 habitants.

Comment l'utiliser ?

Étapes

Le micro-entrepreneur doit songer très tôt au lieu de domiciliation et d'exercice de son activité, surtout s'il opte pour un local dédié. La phase de recherche et la contractualisation du bail nécessitant des délais.

Types de local :

1. **Domicile**

› Avantages : solution économique ; aucun délai de transport.

› Inconvénients : cohabitation vie professionnelle et vie personnelle . certaines activités ne peuvent être exercées.

2. **Local dédié**

› Avantages : 100 % professionnels et adapté à l'exercice de l'activité . image de marque, plus « pro ».

› Inconvénients : loyer et charges à supporter ; contraintes administratives.

3. **Pépinière d'entreprises**

› Avantages : environnement professionnel, partage d'expérience ; bénéficier de services complémentaires, de conseils ; coût abordable.

› Inconvénients : éloignement ; disponibilité ; confidentialité.

Quelle que soit la solution retenue, utiliser un local 100 % dédié à l'activité.

Méthodologie et conseils

Lorsque l'activité ne nécessite pas de s'installer dans un local dédié, le micro-entrepreneur a tout intérêt à déclarer le lieu de domiciliation de son entreprise à son domicile, pour des raisons économiques évidentes.
La règlementation impose de déclarer le siège social de son entreprise à la mairie de la commune où celui-ci est installé. Dans le cas d'un logement en appartement, il convient également de vérifier que le règlement de copropriété n'interdit pas l'exercice d'une activité professionnelle. Idem, si l'on est locataire, le contrat de bail peut stipuler une interdiction similaire.
Toutefois, dans ces deux derniers cas et malgré une clause d'interdiction, la règlementation autorise l'entrepreneur à domicilier son entreprise chez lui. ■

Avantages

- Le partage d'expériences que peut offrir par exemple une pépinière d'entreprises peut être propice à l'évolution de cette activité.

Précautions à prendre

- La recherche d'un local dédié doit être lancée au plus tôt, les bons emplacements étant rares.
- Le local professionnel à domicile doit être une pièce séparée du reste du logement personnel.

SUITE OUTIL 34 →

OUTIL 34

Le local professionnel

Comment être plus efficace ?

En choisissant la pépinière d'entreprises

La pépinière d'entreprises est une structure d'accueil, d'hébergement et d'accompagnement du créateur d'entreprise. Elle permet de favoriser la réussite des nouvelles entreprises en réduisant les obstacles liés au démarrage de l'activité.

Une pépinière d'entreprise, offre des services, tels que :

- des bureaux adaptés à l'activité ;
- une infrastructure et des équipements professionnels (salles de réunion, outils informatiques et télécom, etc.) ;
- un soutien aux jeunes créateurs d'entreprise au travers d'un accompagnement ou de formations ;
- des mises en relation avec des partenaires utiles au créateur (experts, universités, organismes financiers, etc.).

En choisissant un local dédié

Le bail commercial (article L145-1 du code du commerce) présente une bonne protection et une grande stabilité (des loyers) pour le locataire (preneur). La durée minimale d'un bail commercial est de 9 ans et peut être résiliée par période triennale (3-6-9). Un contrat de bail commercial peut inclure des éléments tels que le pas-de-porte, le droit au bail et le fonds de commerce.

Le pas-de-porte est un droit d'entrée que le locataire verse au propriétaire des murs lors de son accession au local vacant. Celui-ci est souvent considéré comme un supplément de loyer, permettant au propriétaire de compenser des hausses de loyer inférieures à la hausse de la valeur locative de son bien.

Il convient donc que le contrat du bail précise clairement les caractéristiques du pas-de-porte, afin d'éviter tout désaccord futur entre le propriétaire et le locataire.

Le droit au bail est un élément du patrimoine commercial du locataire précédent. En cas de reprise du fonds de commerce pour une même activité, le nouveau locataire achète au locataire sortant son droit au bail. Toutefois, le bail n'est qu'une composante du fonds de commerce ; ce dernier pouvant être cédé indépendamment.

Si l'activité reprise est identique, le propriétaire ne peut s'opposer à la vente.

Le fonds de commerce est un bien mobilier comprenant des éléments incorporels et corporels :

1. **Éléments incorporels :**

– le droit au bail ;
– la clientèle ;
– l'achalandage ;
– le nom commercial ;
– les marques et brevets.

2. **Éléments corporels :**

– les marchandises, les stocks ;
– les équipements.

CAS de l'installation à domicile de sa micro-entreprise

La règle applicable pour une installation à domicile est différente suivant que l'on s'installe dans :

- une ville de moins de 200 000 habitants ou une ZFU (Zone franche urbaine) ;
- une ville de plus de 200 000 habitants ou dans les départements des Hauts de Seine, de Seine Saint-Denis et du Val de Marne.

Pour la domiciliation

Dans une ville de moins de 200 000 habitants, les créateurs d'une entreprise individuelle peuvent domicilier leur entreprise chez eux si aucune disposition contractuelle ou législative ne s'y oppose. S'ils exercent leur activité exclusivement à l'extérieur, ils peuvent déclarer leur adresse personnelle comme adresse de l'entreprise, même en présence d'une clause interdisant de domicilier son entreprise chez soi.

Dans une ville de plus de 200 000 habitants, idem.

Pour l'exercice de l'activité

L'exercice d'une activité professionnelle peut supposer un changement partiel d'usage du logement s'il s'agit du domicile. Dans ce cas, une autorisation préalable délivrée par le maire est requise.

Dans une ville de moins de 200 000 habitants, les créateurs d'une entreprise individuelle peuvent domicilier leur entreprise chez eux si aucune disposition contractuelle ou législative ne s'y oppose (bail, copropriété, etc.).

Dans une ville de plus de 200 000 habitants, si le logement est situé au rez-de-chaussée, l'exercice d'une activité est possible si :

- aucune disposition du bail ou du règlement de copropriété ne s'y oppose ;
- il s'agit de la résidence principale du créateur ;
- l'activité est exercée exclusivement par les occupants du logement ;
- l'exercice de l'activité n'occasionne pas de nuisances ou de danger pour le voisinage, et ne conduit pas à un désordre pour l'immeuble.

Si le logement est situé au rez-de-chaussée d'une HLM, l'autorisation du maire est nécessaire après avis de l'organisme gestionnaire de l'HLM.

Si le logement n'est pas situé au rez-de-chaussée, l'exercice d'une activité est possible si :

- aucune disposition du bail ou du règlement de copropriété ne s'y oppose ;
- il s'agit de la résidence principale du créateur ;
- l'activité est exercée exclusivement par les occupants du logement ;
- l'exercice de l'activité ne conduit pas à recevoir une clientèle ou des marchandises.

OUTIL 35

Les assurances

QUE FAUT-IL ASSURER ?

Les personnes

Les biens

L'activité

En résumé

Les assurances déjà souscrites à titre personnel ne peuvent couvrir les risques professionnels Le micro-entrepreneur doit donc souscrire un ou des contrats spécifiques pour se protéger.

Insight

Private insurance does not cover professional risks.

A micro-entrepreneur should thus take out specific insurance contracts to ensure appropriate coverage.

Pourquoi l'utiliser ?

Objectif

Suivant l'activité exercée, les risques sont très variables et il convient de les évaluer à leur juste niveau afin de se protéger. Pour certaines activités, les assurances peuvent être facultatives ; c'est au micro-entrepreneur d'évaluer le niveau de protection qu'il souhaite mettre en place.

Contexte

Le professionnel doit prendre en compte les divers aspects de son activité pour savoir ce qu'il faut réellement couvrir par un contrat d'assurance.

Pour les autres :

- manipulation d'outils ou de produits dangereux ;
- conséquences en cas d'erreurs commises par le micro-entrepreneur ;
- dommages causés aux clients ou à leurs biens dans l'exercice de l'activité ;
- risques environnementaux ;
- transport de personnes ou de biens sur un trajet professionnel.

Pour soi :

- local, véhicule, et autres biens professionnels ;
- complémentaire santé, prévoyance, retraite facultative ;
- perte d'exploitation ;
- protection juridique.

Comment l'utiliser ?

Le micro-entrepreneur doit réaliser un bilan de sa propre situation et des risques potentiels susceptibles d'être engendrés par sa future activité.

Étapes

1. Un micro-entrepreneur responsable doit **souscrire au minimum un contrat responsabilité civile** professionnelle (RCP) afin de couvrir les dommages qu'il pourrait causer à des tiers ou à leurs biens. Ce contrat s'avère particulièrement indispensable pour des activités de restauration ou de BTP pour laquelle l'assurance décennale est même obligatoire.
2. **S'assurer pour des risques spécifiques à l'activité** (ex. : utilisation de produits chimiques).
3. **Protéger sa santé**, organiser sa future retraite par l'intermédiaire de contrats Madelin.
4. **Protéger ses biens :**
   - souscrire une assurance pour son local professionnel dédié ou faire établir un avenant sur son contrat d'habitation si le lieu de domiciliation de l'entreprise s'y trouve ;
   - modifier si besoin son contrat d'assurance automobile pour un usage professionnel ;
   - assurer les biens de valeur indispensables à l'activité (machines outil, stocks, etc.).

L'activité professionnelle peut être source de risques, s'assurer est indispensable.

Méthodologie et conseils

Le budget assurances ne doit pas être oublié dans le calcul du *business plan* financier, les primes à verser étant récurrentes.

Pour certaines activités, un justificatif d'assurance peut être exigé par le client du micro-entrepreneur.

Il est important de faire le tour du marché des compagnies d'assurances afin de comparer les tarifs et les garanties proposés.

Enfin, ne pas hésiter à revoir régulièrement ses contrats en anticipant leur date anniversaire pour obtenir de meilleures offres. ■

Avantages

- Travailler en toute sérénité grâce à une protection adaptée.
- Offrir à ses clients toutes les garanties attendues dans le cadre d'une vente ou d'une prestation de services.

Précautions à prendre

- Même si elle n'est pas toujours obligatoire, il est recommandé de prendre une assurance RCP.
- Ne pas se sur-assurer en se laissant influencer par certains assureurs.
- Faire jouer systématiquement la concurrence.

OUTIL 36

Le compte bancaire

LA SÉPARATION DES GENRES

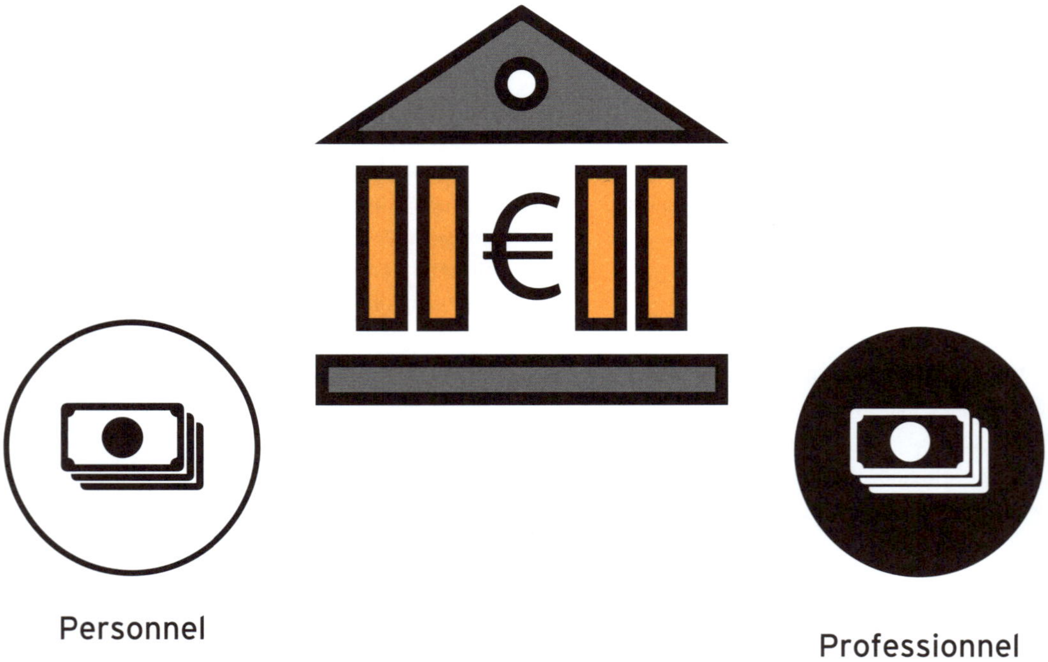

En résumé

Le monde professionnel doit être séparé de la sphère personnelle du chef d'entreprise.
La séparation des comptes bancaires est l'un des premiers éléments à mettre en place.

Insight

The professional sphere should be kept separate from the company manager's personal life. Therefore, keeping separate bank accounts is one of the first steps to follow.

Pourquoi l'utiliser ?

Objectif

Utiliser son compte personnel pour gérer les opérations bancaires liées à son activité professionnelle est fortement déconseillé. Depuis 2015, la loi prévoit l'obligation de posséder un compte bancaire dédié pour les micro-entrepreneurs, dans un délai d'un an après l'installation. Cela évite la confusion des mondes personnel et professionnel.

Contexte

Deux raisons principales justifient l'ouverture d'un compte bancaire dédié :

› La simplicité de gestion des comptes grâce à une nette distinction entre les recettes et dépenses professionnelles et privées.

› Une meilleure transparence vis-à-vis des services fiscaux qui sont de plus en plus vigilants quant aux possibilités de fraude.

Ce compte bancaire doit servir aux encaissements des recettes, aux règlements des dépenses professionnelles, à réaliser des virements vers le compte personnel.

Comment l'utiliser ?

L'ouverture d'un compte bancaire séparé ne signifie pas forcément l'ouverture d'un compte professionnel. La nuance est importante car nombre de banques facturent des frais de tenue de compte professionnel bien supérieurs à ceux des comptes privés.

Or dans le cas des entreprises individuelles, le compte dit « professionnel » n'est absolument pas obligatoire, seul un compte distinct l'est.

Étapes

1. **Se renseigner auprès de sa banque** pour connaître les offres réservées aux professionnels indépendants.
2. **S'informer également auprès d'autres banques**, des offres concurrentes en comparant les tarifs et avantages associés.
3. **S'intéresser également aux offres des banques 100 % en ligne**, dont la plupart des services sont gratuits.
4. **Ouvrir un compte dans l'établissement choisi** et se procurer au plus tôt des RIB indispensables aux relations avec les organismes sociaux et fiscaux ainsi qu'avec les clients et fournisseurs professionnels.
5. **Alimenter son compte « pro »** à partir de son compte personnel, afin payer les premières dépenses liées au démarrage de l'activité.

Ouvrir un compte séparé pour son activité professionnelle est indispensable.

Méthodologie et conseils

Les banques physiques peuvent offrir des conseils et des solutions plus adaptées aux professionnels que les banques en ligne. Il est toujours possible de négocier certains tarifs appliqués (frais de tenue de compte, CB, découvert autorisé, etc.).

Les banques en ligne proposent des services gratuits et permettent de réaliser des économies non négligeables sur une année. Toutes les opérations courantes peuvent facilement être effectuées via Internet (ordinateur ou *smartphone*). Toutefois, très peu de banques en ligne proposent des solutions dédiées aux professionnels. ■

Avantages

- Clairement séparer les opérations bancaires personnelles et professionnelles.
- Avoir une gestion financière plus saine et plus facile de son activité.
- Offrir toute la transparence recherchée par l'administration fiscale.

Précautions à prendre

- Comparer les offres du marché, les tarifs pouvant très sensiblement varier d'une banque à l'autre.
- Ne pas hésiter à changer si le service ne convient pas, la nouvelle banque devant se charger de faire le nécessaire pour les prélèvements et virements en cours.

OUTIL 37

Contacter les acteurs locaux

IDENTIFIER LES ACTEURS DE LA VIE SOCIALE

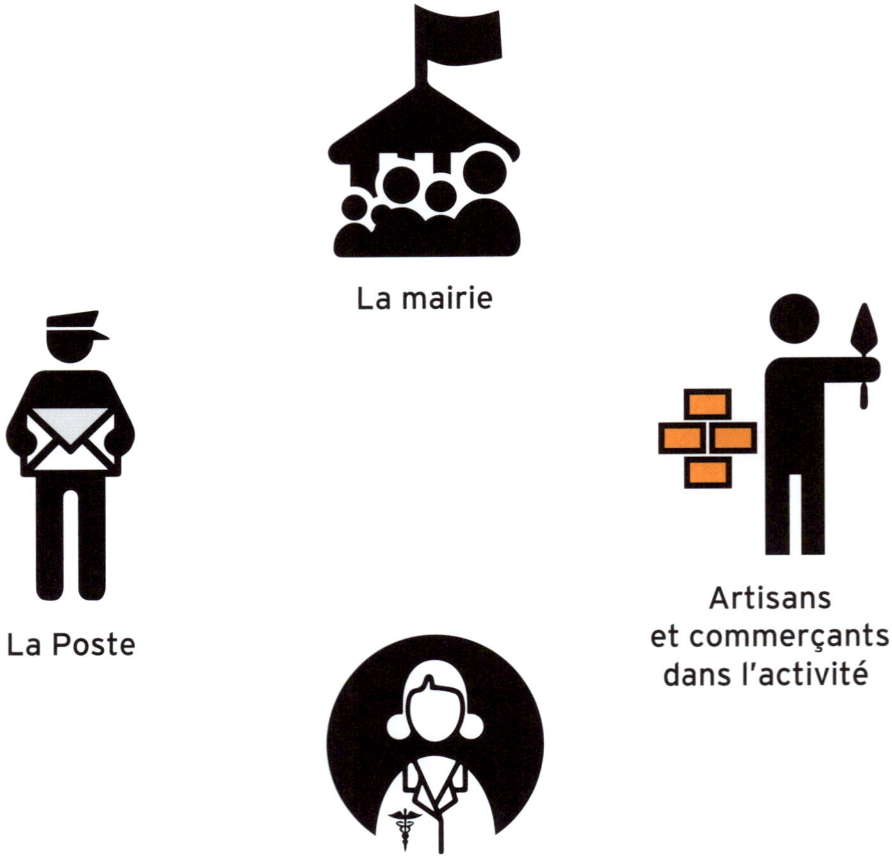

En résumé

Le micro-entrepreneur aura besoin d'établir des contacts avec certains acteurs locaux dans le cadre son activité professionnelle

Une démarche proactive vis-à-vis de ceux-ci est recommandée.

Insight

Within the framework of his/her professional activity, the micro-entrepreneur will need to make a series of contacts with a series of important local "movers and shakers".

The best thing is to get started by adopting a proactive approach.

Pourquoi l'utiliser ?

Objectif

L'activité d'une entreprise nécessite d'avoir des relations avec un certain nombre d'acteurs de la vie sociale de la commune où celle-ci est implantée.

Il est donc important pour le micro-entrepreneur d'identifier ces acteurs et de prendre contact avec eux avant même le lancement effectif de son activité.

Contexte

Des administrations, des organismes sociaux ou certaines associations peuvent devenir des partenaires utiles pour le micro-entrepreneur. Rencontrer les acteurs locaux est conseillé pour établir les futures relations de l'entreprise au sein de l'environnement local.

Outre les relations obligatoires que le chef d'entreprise aura nécessairement avec quelques organes administratifs, certains acteurs locaux comme des commerçants peuvent aussi devenir des prescripteurs favorisant le développement de l'activité commerciale.

Comment l'utiliser ?

Durant la phase préparatoire du projet de création, réserver du temps pour organiser des rendez-vous avec les personnes clés de sa commune ou département. Cela doit apparaître dans le rétro-planning.

Étapes

1. **Identifier les acteurs clés** avec lesquels il sera indispensable ou très utile de se rapprocher.
2. **Contacter ces personnes**, prendre rendez-vous, les rencontrer, expliquer son projet, les attentes particulières au sein de la relation professionnelle qui s'établira avec elles.
3. Parmi ces acteurs, **identifier plus précisément celles qui pourront devenir des prescripteurs** et tenter de mettre en place une relation gagnant/gagnant afin de développer ses parts de marché.
4. **Devenir soi-même un acteur clé** de l'écosystème local.

Méthodologie et conseils

Contacter sa mairie pour l'informer de la création de son entreprise.

Il faut distinguer deux catégories d'acteurs locaux :

Les acteurs administratifs avec lesquels de bonnes relations sont indispensables, par exemple :

- La mairie, lors de la déclaration d'implantation de l'entreprise sur le territoire de la commune, une annonce à ce sujet peut être faite dans le journal municipal (publicité gratuite) ;
- La Poste, rencontrer son facteur afin de l'informer de la nouvelle entité professionnelle pour la réception du courrier à venir, ou l'ouverture d'une boîte postale ;

Les professionnels de son entourage proche ou du même secteur d'activité que le sien, par exemple :

- Médecin, pharmacien, kinésithérapeute, si l'on exerce dans le domaine du bien-être ;
- Artisans et commerçants dont l'activité, non concurrente, est complémentaire de celle que l'on exerce, susceptibles de vous recommander auprès de leurs clients ;

Dans tous les cas de figure, l'établissement de ces relations avec les acteurs locaux ne pourra que favoriser la bonne implantation de l'entreprise et la faire connaître auprès de ses futurs clients grâce à une meilleure visibilité. ■

Avantages

- Utiliser le tissu professionnel local déjà implanté pour rapidement développer son image de marque.
- Établir de bonnes relations avec les organismes administratifs du lieu d'implantation.

Précautions à prendre

- Bien préparer son dossier de présentation.
- Ne pas arriver en terrain conquis, prendre la température avant toute action.

DOSSIER

6 L'APPROCHE COMMERCIALE

Une politique commerciale est un ensemble de décisions prises ou des pratiques relatives à la commercialisation des produits ou services de l'entreprise. Elles ont pour objectif de viser à :

› être compétitif sur son marché en apportant aux distributeurs ou aux clients les avantages et services attendus ;
› réaliser ses objectifs qualitatifs et quantitatifs ;
› maîtriser ses coûts de distribution.

L'objectif est de structurer sa démarche commerciale en ayant une meilleure visibilité sur ses actions :

Cible

- Identifier l'ensemble des acheteurs et acteurs potentiels
- Déterminer leurs besoins
- Décider d'un angle d'approche

Secteur géographique

- Délimiter sa zone d'intervention
- Limiter ses frais et ses durées de déplacement
- Identifier la concurrence sur le secteur

Prospection

- Approche envisagée
- Ne pas négliger le bouche à oreille
- Activer son réseau
- S'inscrire dans les annuaires, sur les réseaux sociaux

Suivi

- Créer un fichier client
- Relancer certains prospects ou clients
- Garantir la qualité de service

https://goo.gl/yS06lO

Les 4 étapes d'un entretien commercial

DOSSIER 6

Choisir un mode de distribution

Le choix de la politique de distribution nécessite d'identifier les typologies des différents réseaux de distribution. Pour atteindre le consommateur, votre produit ou votre service va parcourir un circuit. Celui-ci peut être :

› direct, c'est-à-dire « du producteur au consommateur ». ainsi, vous choisissez de vendre sans intermédiaire à vos clients ;

› court : cela signifie que vous allez vous fournir directement à la source et que vous revendez ensuite à vos clients ; il y a un seul intermédiaire entre le producteur et le consommateur ;

› long : dans ce cas, plusieurs intermédiaires vont acheminer consécutivement votre produit ou votre service à vos clients.

Offrir une prestation de qualité

Le succès d'une entreprise ou d'une marque, ne repose pas uniquement sur la qualité des produits ou sur la compétence en matière de services. La qualité de service qui doit accompagner une offre, est au moins aussi importante que l'offre elle-même. Il est donc utile de se pencher sur les garanties minimales à offrir, la charte qualité, les agréments et les certifications.

Contractualiser ses relations commerciales

Afin d'être commercialement efficace dès le démarrage de son activité et de montrer son professionnalisme, il est important de disposer des documents commerciaux au nom de l'entreprise. Certaines mentions obligatoires devront figurer sur ces documents.

Le devis est le premier outil de contractualisation que vous aurez à formaliser. Celui-ci est élaboré à partir du recueil des besoins de votre client que vous aurez réalisé, soit au cours d'un entretien téléphonique, soit de visu. Il décrit votre proposition de solution en réponse à son besoin.

Le contrat commercial est soumis au droit des contrats classique, énoncé dans le code civil et repris dans le code de commerce. La formation du contrat est souple, et les obligations de chacune des parties sont les mêmes qu'en droit commun :

› vendeur : obligation d'information et de conseil, de livraison et de garantie ;

› acheteur : obligation de paiement du prix et de retirement.

LES OUTILS

OUTIL 38

Les pratiques du marché visé

LES TYPES DE CIRCUIT DE DISTRIBUTION

Circuit court B to C	Circuit court B to B	Circuit long B to B ou B to C
• Site web	• Technico-commercial	• Distributeur
• Force de vente	• Salon, foire	• Force de vente
• Marketing direct	• Magasin spécialisé	• Média

En résumé

Le choix du circuit de distribution détermine le mode d'accès au marché.

Le circuit de distribution à destination de professionnels (B to B) comme des particuliers (B to C) peut être court ou long. Le circuit court permet d'atteindre le consommateur en direct. Le circuit long passe par un grossiste ou un distributeur, voire plusieurs intermédiaires (distributeur plus détaillant).

Insight

Your choice of distribution channel determines your mode of access to the market.

B-to-B (Business-To-Business) or B-to-C (Business-To-Consumer) distribution can be short or long. The short system enables you to reach the consumer directly. The long circuit operates through a wholesaler or a distributor, or even through a chain of several intermediaries (wholesale, then retail).

Pourquoi l'utiliser ?

Objectif

Toute démarche commerciale commence par le choix du circuit de distribution de son offre de produits ou de services. Il s'agit d'apporter aux clients les avantages et services attendus tout en maîtrisant les coûts de distribution.

Contexte

Il n'y a pas de circuit « idéal » puisque les entreprises, les marchés, les offres de produits ou de services sont très différents. La tendance actuelle tend à renforcer la proximité entre le producteur et le consommateur demandeur de conseils et de services.

Comment l'utiliser ?

Étapes

1. **Identifier les avantages et des inconvénients de chaque type de circuit de commercialisation.**

› Circuit court, sans intermédiaire

- Avantages : contact direct avec le consommateur final ; lancement rapide de nouveaux produits ; service à la carte pour les clients ; gain de la marge des intermédiaires.
- Inconvénients : stockage important ; organisation et gestion de la vente ; coût de transport et facturation ; coût de communication.

› Circuit long, commercialisation du produit par l'intermédiaire d'un distributeur

- Avantages : réduction du temps passé à la prospecter des clients ; couverture géographique plus dense ; régulation des ventes grâce au stockage intermédiaire ; baisse des frais de facturation et transport ; présence là où sont les consommateurs cibles.
- Inconvénients : écran avec le consommateur final ; dépendance par rapport au distributeur ; pression sur les prix ; fragilité de la coopération ; vendre et faire vendre.

2. **Choisir l'un des 3 types de circuit de distribution pour lancer son offre**

Le choix d'un circuit dépend :

› de la stratégie que le micro-entrepreneur a définie, et des moyens financiers et du temps qu'il est prêt à investir pour atteindre le consommateur ;

› des produits ou les services proposés : nature (périssable ou durable ?), conditions de stockage, de conservation, de transport, technicité ;

› des concurrents : benchmark de leur stratégie (le circuit de distribution est-il différent, source d'économies ?) ;

› des distributeurs : leurs moyens matériels et humains (sont-ils saturés ?) ;

› des consommateurs : nombre, situation géographique (les clients sont-ils dispersés ?), mode de consommation et habitudes d'achat (boutique, Internet, sur recommandation) ;

› de la réglementation : contrôle de la qualité des produits et de la sécurité de leur utilisation.

Estimer le coût de chaque circuit de distribution potentiel avant de se lancer.

Méthodologie et conseils

Dans certains métiers, le circuit de distribution intègre une multitude d'acteurs : distributeur, prescripteur, utilisateur et consommateur final. Par exemple, un fabricant de produits pour le bâtiment doit négocier avec des distributeurs, mais aussi visiter les architectes (qui influencent les utilisateurs et les donneurs d'ordre) ainsi que les artisans utilisateurs (qui influencent les prescripteurs et les donneurs d'ordre) sachant que les donneurs d'ordre en fin de chaîne suivent les conseils des prescripteurs et des utilisateurs. Le micro-entrepreneur devra, dans ce cas, s'adresser aux trois niveaux d'acteurs : distributeurs, prescripteurs et utilisateurs. ■

Avantages

- Le circuit court permet de maximiser sa marge et le circuit long de profiter de la puissance commerciale de l'intermédiaire.

Précautions à prendre

- Adapter ses pratiques commerciales au marché visé.
- Plus le circuit est long, plus il est coûteux.

SUITE OUTIL 38 →

OUTIL 38

Les pratiques du marché visé

Comment être plus efficace ?

Pour favoriser la vente de son offre, un micro-entrepreneur peut construire un plan d'actions promotions et publicité en fonction :

- du circuit de distribution visé : court ou long ;
- de l'image de la marque de l'offre proposée ;
- de la cible consommateurs : particuliers ou entreprises ;
- de la couverture de distribution : locale, régionale ou nationale ;
- de la saisonnalité du marché ;
- des opportunités : supports, événements, synergies exploitables ;
- de la limite intentionnelle de temps : la durée d'une promotion est nécessairement courte ;
- des ressources financières disponibles : ces actions doivent être prises en compte, au démarrage, dans le plan de financement initial. Au cours de la vie de l'entreprise, les possibilités d'actions dépendront de la marge réalisée sur les ventes.

La promotion des ventes pousse le produit vers le consommateur : on parle d'actions *PUSH*. La publicité pousse le consommateur vers le produit : on dénomme ces actions *PULL*.

Le plan d'actions promotions

Il regroupe l'ensemble des actions qui visent à influencer les comportements des clients potentiels par le biais d'une incitation matérielle immédiate afin de déclencher un achat.

Cibles :

1. **Client B to B, consommateur B to C**

- objectifs : conquérir, fidéliser.
- moyens techniques : démonstration, échantillon, PLV ; prix de lancement ; offre journée ; garantie, reprise ; produit ou service gratuit additionnel ; cadeau contre achat.

2. **Distributeur**

- objectifs : référencer ; dynamiser ; aider à la vente.
- moyens techniques : prix de lancement ; remise sur achats ; budget de référencement ; stimulation FDV distributeur ; remise sur achats ; merchandising, PLV ; animation.

3. **Prescripteur**

- objectifs : faire connaître ; fidéliser.
- moyens techniques : information ; échantillon, démonstration ; stimulation.

Le plan d'actions communication (publicité)

Les différents supports se regroupent en 3 catégories :

- les médias par biais de l'affichage, les autres médias réclamant de gros budgets ; ces actions sont à destinations des particuliers (clientèle C) ;
- hors média : Relation Presse, communication directe, événements (salon) ; ces actions sont appropriées pour tout type de clientèle (B et C) ;
- autres : Internet approprié pour tout type de clientèle (C et B), magazines professionnels réservés aux professionnels (clientèle B).

Le choix du ou des supports dépend également du type de circuit choisi (court ou long), de la couverture du territoire visé (local ou régional), du type de produit ou service proposé (propre au secteur d'activité) et de l'offre concernée (nouveau produit ou promotion).

Toutes ces actions ont un réel impact sur la notoriété et l'image de marque. Pour créer du trafic ou accélérer les ventes, privilégier la publicité dans les médias, la communication directe, les événements et Internet (site marchand).

EXEMPLE de plan d'actions commerciales pour une activité de formateur-conseil

Objectifs	Type action	Cible clients ou prospects	Actions clients ou prospects	Cibles consommateurs
Réaliser une croissance des ventes de X %	Fidélisation	Clients en portefeuille	Remise de 10 % si...	Consommateurs utilisateurs
Conquérir n nouveaux clients	Conquête	Entreprises du secteur... non encore contactées	X visites prospects par mois	

Objectifs	Actions Push	Actions Pull	Calendrier	Commentaires
Réaliser une croissance des ventes de X %	Journée gratuite additionnelle	Plan média magazine	Du... au ...	Voir modalités détaillées par action
Conquérir n nouveaux clients		Participation salons régionaux	Du... au ...	

OUTIL 39

La qualité de services

AGRÉMENTS OU CERTIFICATIONS

Agréments

- DIRECCTE
- **Dans le cadre des services à la personne**
  (www.servicesalapersonne.gouv.fr/obtenir-agrements-et-certifications-(1476).cml)

Certifications

- Organismes certificateurs
- **AFNOR** *(www.afnor.org)*
  ISO *(www.iso.org/iso/fr)*
  SGS Qualicert *(www.fr.sgs.com/sgssites/qualicert)*
  Ecovert *(www.ecovert.fr)*
  Bureau Veritas *(www.bureauveritas.fr)*

En résumé

La vente de produits ou services ne peut se faire sans proposer un ensemble de garanties au client. L'obtention d'un agrément ou d'une certification atteste du respect d'une norme qualité. Cela permet généralement l'utilisation d'un label qui garantit la qualité du produit ou de la prestation de service auprès du client.

Insight

You cannot sell goods or services without offering your client a set of guarantees. By obtaining a certification, you prove that your enterprise respects quality norms. This generally allows you to use a label guaranteeing your client the quality of the products and/or services you offer.

Pourquoi l'utiliser ?

Objectif

Ces labels qualité ont surtout pour objet de montrer à la cible visée, que le service ou le produit possède un niveau de qualité minimum et reconnu. C'est un gage de professionnalisme et de sérieux qui rassure le client.

Contexte

De nombreux domaines professionnels peuvent faire l'objet d'un agrément (services à la personne) ou d'une certification (prestation de services, sécurité et santé au travail, conformité et sécurité de produits). La certification des prestations de service est encadrée par le code de la consommation.

Comment l'utiliser ?

Étapes

1. **Obtenir un agrément dans le cadre des services à la personne**

Les services à la personne sont des services offerts aux individus pour améliorer leur bien-être. Ces services sont de trois ordres : les services à la famille (garde d'enfants, cours à domicile) ; les services de la vie courante (services à domicile, entretien de la maison) ; les services aux personnes âgées, handicapées ou dépendantes (à leur domicile ou en déplacement).

› La **déclaration d'activité exclusive** ouvre droit aux avantages fiscaux et sociaux des services à la personne. Pour pouvoir se déclarer, il faut respecter une condition dite « d'activité exclusive » (*www.dgcis.gouv.fr/services-a-la-personne.la-condition-d-activite-exclusive*). La déclaration s'effectue en ligne sur l'extranet Nova des Services à la personne (*nova.servicesalapersonne.gouv.fr/extranet/inscription*).

› La **déclaration d'activité sans agrément** est limitée à certains types de services uniquement : livraison de courses, travaux ménagers, jardinage, soutien scolaire, promenade d'animaux…

› La **déclaration d'activité avec agrément** est obligatoire lorsque le service s'adresse aux personnes fragiles : garde d'enfants de moins de 3 ans, assistance aux personnes âgées ou handicapées… Cet agrément consiste en une autorisation délivrée par le préfet de département.

S'assurer d'être dans la légalité avant de lancer son activité.

2. **Obtenir une certification**

La certification peut être liée à un produit, un savoir-faire, mais aussi au respect de différentes règles ou normes en vigueur. Le processus de certification passe par :

› une information préalable et une recherche de documentation ;

› un audit de l'entreprise, du service et des personnes concernées ;

› des bilans et des rapports réguliers ;

› des contrôles récurrents.

Méthodologie et conseils

Les agréments sont délivrés par la direction régionale des entreprises, de la concurrence, de la consommation, du travail et de l'emploi (DIRECCTE), dans le département du lieu d'implantation du siège de l'entreprise. L'obtention d'un agrément oblige à établir **un état mensuel d'activité, un tableau statistique annuel et un bilan annuel d'activité.**

Les certifications peuvent être obtenues auprès d'organismes officiels ou habilités par l'état. Dans d'autres cas, il s'agit d'organismes privés, non officiels, mais reconnus professionnellement, comme AFNOR, ISO, SGS, Ecocert, ou Bureau Véritas. ■

Avantages

- Accroître la confiance du client, le fidéliser.
- Apporter, dans certains cas, un avantage client décisif.

Précautions à prendre

- Le processus de certification est souvent long et sérieux.

La qualité de services

Comment être plus efficace ?

Les garanties

Toute vente de produit ou offre de service ne peut se faire sans proposer un ensemble de garanties au client. Ces garanties commencent dès le premier contact et peuvent s'étendre longtemps après la fin de la prestation ou de la vente.

1. Créer la confiance

La confiance se construit sur la base d'une relation dyadique entre le client et le vendeur. Le degré de confiance varie en fonction du type de relation établie, du réel au virtuel (physique, téléphonique, électronique). Le relationnel est souvent privilégié par les clients, au-delà même du produit. La confiance se gagne sur la durée, et se perd en un instant. La confiance est la clé de la fidélisation des clients. Même en cas d'erreur, reconnaître ses torts peut permettre de conserver la confiance du client.

2. Gérer la relation client

La gestion de la relation client permet de traiter l'ensemble des informations relatives à un client, afin de le fidéliser et de lui offrir le meilleur service. Cela englobe notamment : la durée de la relation, la personnalisation, la mémoire des contacts entre le client et l'entreprise, la fidélisation, la valeur des achats présents et futurs.

3. Se créer une image de marque

Le client qui ne connait pas l'entreprise, se fie d'abord à sa réputation, à celle des produits ou services qu'elle propose. Cette réputation se bâtie sur le long terme et se fonde sur un jugement de valeur souvent subjectif. L'image perçue est la manière dont la cible voit et perçoit la marque ; on peut aussi parler de réputation. L'image vraie est la réalité de la marque, avec ses forces et ses faiblesses, telle qu'elle est connue et ressentie par l'entreprise. L'image voulue est la manière dont l'entreprise souhaite être perçue par sa cible ; elle résulte d'une décision de positionnement.

La charte qualité

La charte qualité est un aspect important de la relation commerciale avec ses clients. Si le créateur d'entreprise pense généralement à se créer des plaquettes, des cartes de visite et d'autres documents commerciaux, il oublie trop souvent de rédiger une charte de qualité, pourtant tout aussi indispensable.

Une charte qualité est un document regroupant, de façon synthétique, les engagements de l'ensemble des membres d'un organisme ou d'une profession envers ses clients. Les engagements d'une charte qualité doivent être connus, réalistes, faisables, réalisés, mesurés. La charte qualité engage la responsabilité de l'entreprise auprès de ses clients. Elle constitue un instrument de reconnaissance de la compétence et du professionnalisme. C'est un gage de sérieux et d'implication.

La charte qualité n'est pas un document d'agrément ou de certification. Elle s'attache à définir les actions permettant de mettre en œuvre la meilleure qualité de service pour les clients de l'entreprise. Il n'y a pas de contenu type d'une charte qualité ; celle-ci dépend du secteur d'activité et des points d'amélioration sur lesquels les efforts vont porter.

On peut, par exemple, évoquer : la qualité de l'accueil, le respect des délais, la compétence des collaborateurs, la disponibilité, la qualité des produits, la provenance des produits, le respect des réglementations, le respect de l'environnement...

ILLUSTRATION La charte qualité des services à la personne

2016 Charte nationale qualité
SERVICES À LA PERSONNE

Lancée en 2013, la charte nationale qualité des services à la personne a été élaborée en concertation avec les acteurs du secteur. Structurée autour de six principes, elle constitue un outil fédérateur, complémentaire des démarches existantes (source : *www.entreprises.gouv.fr/files/files/directions_services/services-a-la personne/qualité/guide_adhesion_charte_qualité_m10_20130704.pdf*).

1. **Accueil, disponibilité et réactivité**
Répondre de manière rapide et adaptée à chaque personne.
2. **Clarté, rigueur et transparence**
Fournir des informations complètes et fiables tout au long de la prestation.
3. **Personnalisation, écoute et suivi**
Adapter son intervention à l'évolution des besoins du client.
4. **Compétences, expériences et savoir-faire**
Mettre au service du client des intervenants compétents et professionnels.
5. **Confidentialité, respect et discrétion**
Respecter la vie privée et l'intimité du client.
6. **Qualité, évaluation et amélioration**

OUTIL 40

Établir un devis, une proposition

MODÈLE DE DEVIS

Nom du vendeur
Adresse, tel, fax
N) SIREN, RM ou RCS

Nom du client
Adresse

DEVIS n°...

Établi le : ... en double exemplaire

Lieu de la prestation : ...

Désignation Main d'œuvre Fournitures Frais de déplacement	Quantité	Prix unitaire	Prix total
		TOTAL	....

Durée de la validité du devis : ...
Devis gratuit
Modalités de paiement : ...

Devis reçu avant l'exécution des travaux

Date : ...
Bon pour accord
Signature du client

En résumé

Le devis est souvent la première prise de contact avec le client. C'est donc une étape importante de la vente. Afin de répondre rapidement à une demande d'un client, utiliser un modèle de devis adapté à votre offre.

Insight

The quote is often your first contact with the client; thus it represents an important step in the selling transaction. To respond rapidly to clients' quote requests, use a model adapted to the product/service you are offering.

Pourquoi l'utiliser ?

Objectif

Le devis engage l'entreprise sur le travail à effectuer et le prix de son intervention. Il engage également le client sur le montant à payer lorsqu'il le retourne signé. D'un point de vue juridique, ce document fait office de précontrat.

Contexte

Il est recommandé d'établir un devis dès que la vente dépasse 150 € et qu'elle concerne des travaux. C'est même une obligation pour un prestataire du bâtiment. Il est interdit de modifier un devis après envoie au client. Il est conseillé de le conserver durant deux ans.

Comment l'utiliser ?

Étapes

1. **Établir le devis**

Un devis comporte un certain nombre de mentions légales.

› Des mentions communes :

- Nom, adresse et nom commercial.
- Numéros de SIREN et d'immatriculation au RM et/ou au RCS (sauf profession libérale).
- Mention « devis » suivi d'un numéro unique et date.
- Nom du client, raison sociale, son adresse et le lieu d'exécution des travaux.
- Description du produit ou de la prestation proposée.
- Le détail et le prix hors taxe des travaux, prestations de service, matériels (marque, type et modèle), matériaux et fournitures prévues.
- Conditions de livraison ou de réalisation (date, durée).
- Taux horaire de main-d'œuvre hors taxe.
- Frais de déplacement (forfait kilométrique ou coût au kilomètre).
- Montant total hors taxe à payer.

› Des mentions spécifiques :

- Cas des prestations au domicile du client : lieu d'exécution ; décompte du temps passé ; prix TTC des prestations forfaitaires
- Cas des prestations de dépannage, réparation, entretien : durée de validité de l'offre ; caractère gratuit ou payant du devis.

Si nécessaire, des éléments complémentaires peuvent être mentionnés.

En cas de démarchage à domicile, le client dispose de 7 jours pour se rétracter.

Communiquer le devis

La réactivité est un gage de professionnalisme très apprécié des clients et peut donner un avantage par rapport à un concurrent. L'idéal est d'envoyer le devis par courrier électronique dans la semaine qui suit la demande du client, puis de confirmer avec un envoi par courrier.

2. **Relancer le client**

Deux semaines après l'envoi du devis, vous pouvez appeler votre « future » client pour vous assurer qu'il a bien reçu votre devis. C'est l'opportunité de prendre contact avec lui, de répondre à ses questions, et de recaler votre offre si son besoin a évolué entre-temps.

Méthodologie et conseils

Un devis est établi en trois exemplaires : un pour l'émetteur, deux pour votre client dont un vous sera retourné pour acceptation. Pour que cette acceptation soit valable, le client doit le signer, le dater, et écrire de sa main « bon pour accord » et « devis reçu avant début des travaux ». Il envoie conjointement un chèque d'acompte ou d'arrhes, si celui-ci est demandé explicitement sur le devis. Cette acceptation tient lieu de commande de la part du client. ■

Avantages

- Plus votre devis est précis et détaillé, moins vous perdez de temps à rédiger les factures associées.

Précautions à prendre

- Ce n'est pas toujours le devis le moins cher qui est retenu, mais celui qui correspond le mieux au besoin du client

OUTIL 41

Les frais et les débours

DIFFÉRENCIER LES FRAIS ET LES DÉBOURS

Frais

- Dépense engagée dans le cadre d'une mission pour un client, mais qui vous concerne personnellement
- La facture est à votre nom ou celle de votre société
- *Exemples* : frais de transport, restauration pendant la mission

Débours

- Dépense engagée dans le cadre d'une mission sur demande explicite du client
- La facture est au nom du client ou de sa société
- *Exemples* : avance de frais d'impression, de peinture pour un client

En résumé

Les débours correspondent aux sommes d'argent avancées pour le compte d'un client. Le client est tenu de rembourser ces sommes d'argent avancées. Les débours ne diffèrent pas des frais uniquement par leur forme, mais également par leur traitement comptable et fiscal.

Insight

Disbursements are sums paid in advance to third parties on behalf of one's client. The client is obliged to reimburse them. Disbursements are not only formally different from normal expenses; they also need to be booked in a different manner for taxes and accounting.

Pourquoi l'utiliser ?

Objectif

Quand vous engagez des frais pour le compte d'un client, vous avez tout intérêt à vous faire rembourser rapidement. Soit vous vous faites rembourser à l'euro près (débours), soit de manière forfaitaire (frais).

Contexte

Sur les frais refacturés, qui ne rentrent pas dans la cadre de la facturation aux débours, vous devez payer, du fait de votre statut d'entreprise, des cotisations sociales et l'impôt sur le revenu.

Comment l'utiliser ?

Étapes

Le remboursement des frais et des débours suivent des traitements différents.

1. Facturer le client

› Débours : le remboursement du débours se fait au centime près. En conséquence, la facture de débours correspond aux sommes avancées à l'euro près. Il est interdit de dégager un bénéfice sur des débours. Les originaux des factures doivent être transmis au client et vous conservez uniquement des copies.

› Frais : le remboursement de vos frais s'effectue par une facturation à votre client. Il est possible de les refacturer avec une marge. Vous ne transmettrez pas les originaux de vos factures de frais au client, mais uniquement des copies, car ce sont des pièces comptables pour vous.

2. Enregistrer en comptabilité

› Débours : la somme TTC est indiquée en dépense et en recette dans le même poste comptable qui doit apparaître sur la liasse fiscale (ligne AB).

› Frais : déclarer à l'administration fiscale : la somme TTC est indiquée en recette dans le chiffre d'affaires, et en dépenses dans le poste comptable concerné.

3. Déclarer à l'administration fiscale

› Débours : le remboursement des débours s'effectuant au centime près, il ne rentre pas en ligne de compte pour le calcul de votre chiffre d'affaires. Pour que tout soit clair pour l'administration fiscale, il convient de faire apparaître ces débours sur des factures spécifiques.

› Frais : le montant de ces frais s'ajoutant à votre chiffre d'affaires, ils majorent le montant de vos charges. Pour compenser cette augmentation de charges, vous pouvez également appliquer une marge sur ces frais. Par exemple, refacturer billet de train de 50 euros : 50 × 1,21 = 60,50 €.

Les débours sont facturés directement par votre fournisseur à votre client, même si c'est vous qui payez.

Méthodologie et conseils

Compte tenu du statut de votre entreprise, vous exercez en franchise de TVA. Vous achetez TTC et ne vous faites pas rembourser la TVA. Si vous avancez des dépenses à la demande d'un client, celui-ci va payer ses produits plus chers que s'il les avait achetés lui-même, s'il est assujetti à la TVA. Il est donc préférable que votre client achète directement à votre fournisseur plutôt que d'avancer des dépenses pour le compte de votre client. ■

Avantages

- Facturer des débours permet de se faire rembourser les frais avancés pour le compte d'un client en évitant d'augmenter ses charges sociales et fiscales.

Précautions à prendre

- Respecter la refacturation des débours à l'euro prêt afin d'éviter qu'ils soient requalifiés en frais.
- Si vous avez des doutes, n'hésitez pas à poser la question à votre expert-comptable.

Le contrat commercial

LES CONDITIONS DE VALIDITÉ D'UN CONTRAT

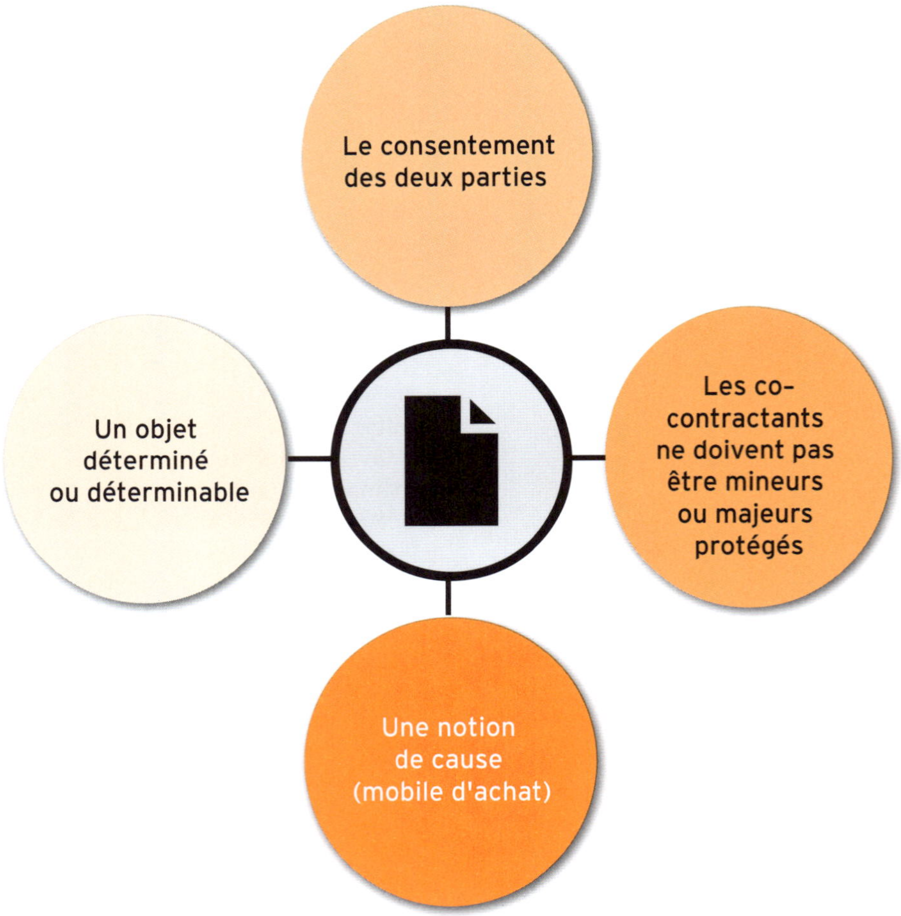

En résumé

Un contrat est une convention par laquelle une ou plusieurs personnes s'obligent envers une ou plusieurs autres, à donner, à faire ou ne pas faire quelque chose (article 1101 du code civil). Le contrat est synallagmatique (bilatéral) lorsque les contractants s'obligent réciproquement les uns envers les autres (article 1102 du code civil).

Insight

"A contract is an agreement by which one or several persons bind themselves, towards one or several others, to transfer, to do or not to do something." (Article 1101 of the French Civil Code)

"A contract is synallagmatic or bilateral where the contracting parties bind themselves mutually towards each other."

(Article 1102 of the French Civil Code).

Pourquoi l'utiliser ?

Objectif

Le contrat commercial définit les obligations fondamentales de l'acheteur et du vendeur. La conformité, les responsabilités, les sanctions en cas de manquement des parties, le prix… ne s'apprécient qu'en fonction de l'objet du contrat.

Contexte

Les actes de commerce peuvent se prouver par tous les moyens, à moins qu'il n'en soit disposé autrement par la loi. Le contrat écrit n'est pas impératif, mais il est fortement recommandé.

Comment l'utiliser ?

Étapes

Les clauses essentielles du contrat commercial sont au nombre de 11.

1. **Objet du contrat.** De son contenu dépendent les obligations fondamentales des parties.
2. **Ordre de priorité des documents.** Règle les inévitables contradictions existantes entre les différents documents liés à la vente.
3. **Prix et conditions de règlement.** Prix et son évolution, les modalités de règlement, les conditions et les délais de paiement.
4. **Entrée en vigueur et durée.** Date à laquelle commencent les obligations du vendeur et de l'acheteur, ainsi que la durée de celles-ci, afin que le contrat ne puisse être rompu sans générer de dommages et intérêts pour le partenaire.
5. **Délai et lieu de livraison.** Date ou délai de livraison au-delà de laquelle l'acheteur peut mettre en œuvre les sanctions qui y sont attachées (exécution forcée, réparation des préjudices, résolution du contrat).
6. **Transfert de propriété.** Moment où l'acheteur acquiert la propriété de l'objet acheté.
7. **Transfert des risques.** Moment à partir duquel les dommages pouvant affecter la chose et l'ouvrage sont à la charge et aux risques du client.
8. **Garanties contractuelles.** Garanties complémentaires à celles prévues par la règle légale et ce, au profit de l'acheteur.
9. **Confidentialité.** Protéger le patrimoine intellectuel et le savoir-faire des entreprises.
10. **Force majeure.** Exonération de la responsabilité, en invoquant les circonstances exceptionnelles qui entourent l'évènement.
11. **Résiliation.** Permettre à un acheteur et un fournisseur de convenir lors de la signature d'un contrat que celui-ci sera résilié de plein droit en cas d'inexécution des engagements qu'il prévoit.

Respecter les règles de fonds et de forme du contrat.

Méthodologie et conseils

La réserve de propriété ne concerne que les biens (pas les services) : « les marchandises restent la propriété intégrale du vendeur jusqu'à leur complet paiement ». Elle protège le vendeur devant la faillite de son acheteur, fait respecter plus scrupuleusement les échéances et favorise les paiements comptants.

La loi applicable et le règlement des différents définissent les règles qui régissent le contrat au-delà des termes mêmes des clauses contractuelles : il s'agit de définir les conditions dans lesquelles les litiges, qui n'auront pu recevoir un règlement amiable, seront réglés : recours aux instances judiciaires ou à l'arbitrage. Elle n'a d'utilité qu'en matière de contrat international. ■

Avantages

- Éviter que le client s'oppose impunément au paiement de la facture.

Précautions à prendre

- Être précis dans la rédaction des clauses, afin d'éviter toute contestation ultérieure.

SUITE OUTIL 42 →

OUTIL 42

Le contrat commercial

Comment être plus efficace ?

Le contenu des clauses

Clauses	Définitions
Objet du contrat	La nature de l'objet du contrat, la qualité par rapport à un référentiel, les accessoires (obligations annexes), les types de contrôles à effectuer et le lieu où les effectuer.
Ordre de priorité des documents	La liste détaillée des documents contractuels : documents commerciaux, juridiques, conditions générales signées et datées, documents techniques.
Prix et conditions de règlement	Le prix ou les critères de calcul du prix, produit par produit, travaux par travaux ; sa nature (forfaitaire, bordereau, dépenses contrôlées) et sa variabilité économique (ferme, ajustable, révisable). Les circonstances susceptibles de faire varier le prix, les indices et formules, la date de variation et le lieu de lecture des indices, la durée de validité du nouveau prix. Les conditions de facturation, les mentions obligatoires de la facture, les modalités de règlement, les conditions et délais de paiement (ne pouvant dépasser 45 jours fin de mois ou 60 jours à compter de la date de facture).
Entrée en vigueur et durée	La date exacte d'entrée en vigueur du contrat ou événements qui la conditionnent. La durée clairement exprimée, avec une possibilité de prorogation ou de reconduction tacite.
Délai et lieu de livraison	Le moment auquel le bien sera livré au client ou moment auquel le client en prendra livraison. Le lieu exact de la livraison, le plus souvent l'adresse du client, ainsi que l'étage, le bâtiment… de livraison, si cela est utile.
Transfert de propriété	Le moment du transfert de propriété peut intervenir à la conclusion du contrat, au fur et à mesure de la fabrication ou de l'exécution, à l'achèvement de la fabrication ou de l'exécution, à la mise à disposition, à la livraison, à la réception, au paiement intégral.
Transfert des risques	La date à compter de laquelle le client assumera les risques du bien acquis et en conséquence devra contracter des assurances nécessaires. On retient le plus souvent le moment de la livraison.
Garanties contractuelles	La durée de la garantie qui commence à courir à compter de la réception du produit. Obligations du fournisseur et du client en matière d'assurance. Possibilités de résoudre ou résilier le contrat.
Confidentialité	Le listing de l'ensemble des documents confidentiels remis à l'autre partie, avec la date de transmission. Un double de tous les documents remis.
Force majeure	La définition de la notion de force majeure (liste des circonstances), l'obligation d'information (apparition du cas de force majeure et de son évolution) et de recherche de solutions (éliminer le cas de force majeure ou en réduire les conséquences), et la durée avant de pouvoir résilier le contrat.
Résiliation	Le type d'inexécution visé, les obligations visées, la possibilité de régularisation. Indiquer si la clause joue pour le manquement par l'un quelconque des cocontractants ou par une partie seulement, et si elle joue en cas d'inexécution totale ou partielle.

EXEMPLE de rédaction des clauses du contrat commercial

Clauses	Exemple de rédaction
Objet du contrat	« Le présent contrat décrit ci-après les droits et obligations de la société (vendeur) et de son client (acheteur) dans le cadre de la fourniture de services suivants… »
Ordre de priorité des documents	« Le contrat est formé des documents contractuels suivants présentés par ordre de priorité décroissants… En cas de contradiction entre le présent contrat et les annexes telles que définies ci-dessus, le présent contrat prévaudra. »
Prix et conditions de règlement	« La société… consent à… pour l'ensemble des services figurant au catalogue, les conditions tarifaires figurant en annexe… du présent contrat. Les prix des produits et services vendus sont libellés en euros et calculés hors taxes. Ils seront majorés des frais de transport applicables au jour de la commande. Aucun escompte ne sera consenti en cas de paiement anticipé. Le règlement des commandes s'effectue par… et est payable le… . »
Entrée en vigueur et durée	« Le présent contrat entre en vigueur à compter du…. Il est conclu pour une durée initiale de…. »
Délai et lieu de livraison	« Les produits ou matériels doivent être livrés au plus tard le… Les livraisons sont faites à l'adresse du client, telle qu'indiquée sur le bon de commande. »
Transfert de propriété	« Le transfert de propriété s'effectue de plein droit au profit de l'acheteur au jour de la livraison de la marchandise à l'adresse du site de l'acheteur, telle qu'indiquée dans le contrat. »
Transfert des risques	« Dans tous les cas, les risques sont transmis à l'acheteur à la remise de l'envoi à l'expéditeur. Une assurance transport n'est conclue que sur demande particulière et à la charge de l'acheteur. L'acheteur doit conclure l'assurance-incendie à ses frais. Tant que la propriété des produits n'est pas encore transférée à l'acheteur, ce dernier doit présenter la police d'assurance et la quittance de prime au vendeur s'il l'exige. ».
Confidentialité	« Chaque partie est tenue de garder strictement confidentiel et d'observer le plus strict secret des affaires concernant l'autre partie et de ne pas divulguer à des tiers, à titre onéreux ou gratuit ou sous quelque forme que ce soit, les informations concernant le présent contrat et/ou l'autre partie, sauf autorisation écrite et préalable de l'autre partie, désignant le ou les bénéficiaires de l'information ainsi que son contenu, et ce, pendant toute la durée du présent contrat. »
La résiliation	« En cas d'inexécution partielle ou totale par l'une des parties à ses obligations contractuelles, l'autre partie peut, par notification écrite, la mettre en demeure de remédier à ce manquement. Si dans les trente jours suivant ladite notification, la partie défaillante n'a pas remédié au dit manquement, la partie non défaillante peut notifier à la partie défaillante, par lettre recommandée avec accusé de réception, la résiliation, de plein du droit, du présent contrat qui prendra alors effet 15 jours après sa notification. »

DOSSIER

7 DÉFENDRE SON PROJET

Votre projet d'entreprise est concrétisé dans un dossier dont le cœur est le business plan ; ce travail de longue haleine, bien qu'obligatoire, n'est pas une corvée, mais la formalisation d'une idée, base de tout projet. Il reste désormais à présenter ce projet et à convaincre les partenaires du bien fondé de celui-ci.

Les principales causes de refus d'une demande de financement ou d'un partenariat sont :

Manque de crédibilité de l'offre de produits ou services	Manque de crédibilité des prévisions financières	Manque de crédibilité de la présentation du projet
• Pas d'analyse de la concurrence • Pas d'avantage concurrentiel de l'offre • Pas de description de la démarche commerciale	• Hypothèses de chiffre d'affaire non explicitées • Montant d'investissement sous-estimé	• Faible expérience du secteur d'activité • Rédaction du bisiness plan confuse • Piètre présentation à l'oral

Avant de vous lancer, validez la solidité de votre projet afin de rassurer sur votre capacité à réaliser votre projet.

Êtes-vous prêt ?

Tout le monde n'a pas un tempérament de fonceur et cette stratégie n'est pas toujours la meilleure. Toutefois, si vous ne vous sentez pas à l'aise pour présenter votre projet, c'est qu'il n'est peut-être pas prêt. Il faut donc sérieusement se poser la question de façon objective, sans se dévaloriser, sans se leurrer non plus.

Les personnes que vous allez rencontrer pour leur présenter votre projet auront à cœur d'évaluer la fiabilité de celui-ci sur 3 critères principaux :

- la cohérence du profil du créateur avec son projet ;
- le potentiel réel du projet (importance de l'étude de marché) ;
- Les compétences du créateur en matière de gestion économique et financière d'une entreprise.

Construire une présentation écrite convaincante

Le dossier de présentation de votre entreprise sera surtout utilisé pour solliciter des partenaires économiques et financiers, mais aussi des collaborations permanentes ou temporaires. À ces fins, il est indispensable qu'il permette à ces acteurs de :

- comprendre rapidement l'objectif recherché ;
- connaître votre personnalité ;
- identifier vos moyens et vos compétences ;
- évaluer le degré de maturité du projet.

Mentionnez les facteurs clés de succès de votre projet et prouvez que vous les avez : savoir-faire, connaissance du marché, réputation...

Vendre son projet à l'oral

Commencez par mettre en confiance votre interlocuteur en vous présentant et en vous synchronisant. Ayez en tête que les 20 premières secondes, les 20 premiers pas, les 20 premiers gestes et les 20 premiers mots conditionnent la suite de l'entretien. Suscitez l'intérêt, ouvrez le dialogue. C'est indispensable pour que votre interlocuteur adhère à votre projet.

Prenez le temps de connaître votre interlocuteur. Cette phase est souvent bâclée alors qu'elle est essentielle. Elle permet de mettre au point sa stratégie, d'ajuster ses arguments en fonction des informations recueillies au cours de cette phase.

Il faut préparer l'argumentaire pour le rendre pertinent. Recensez tous les arguments possibles. Notez les faits, les illustrations, les exemples qui appuient ces arguments. Donnez des aspects concrets du projet qui démontrent que vous le maîtrisez et qu'il est viable.

Toutes les étapes précédentes ont pour but de préparer la conclusion. La détermination, l'enthousiasme, la confiance en vous, la persévérance sont décisifs dans cette étape.

LES OUTILS

OUTIL 43

Les clés pour convaincre

TROIS ÉTAPES POUR PRÉPARER SON ARGUMENTATION

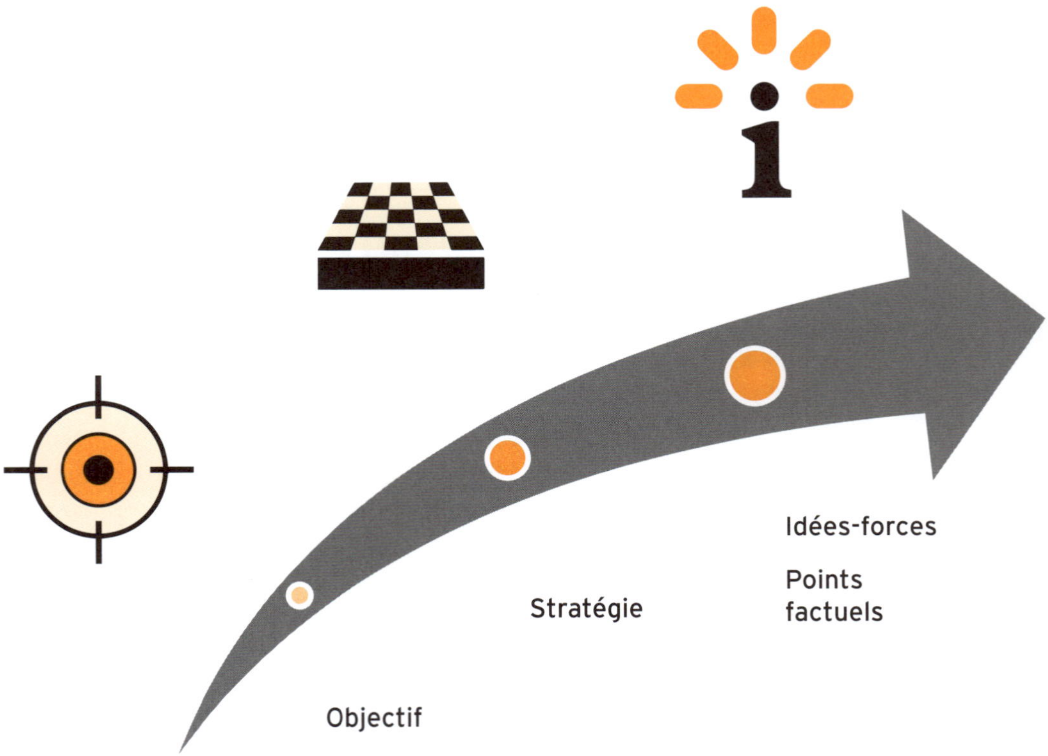

https://goo.gl/SPI8jm

En résumé

Du latin *cum vincere* : « vaincre avec ». Convaincre consiste à amener quelqu'un à **reconnaître la vérité** d'une proposition ou d'un fait. Cela fait appel à la logique, au raisonnement, à la rigueur. Une argumentation se construit vis-à-vis d'un interlocuteur. La préparation est la clé du succès.

Insight

"Convince" comes from the Latin cum vincere, "to conquer with". It consists in leading someone to ***acknowledge the truth*** *of a proposition or a fact, by resorting to logic, reasoning and rigorous argumentation. The arguments are prepared according to who the interlocutor is, and preparation is the key to success.*

Pourquoi l'utiliser ?

Objectif

Avoir une bonne connaissance de son projet et une réelle confiance en soi, pour présenter son projet de façon percutante, en faisant la différence avec les concurrents.

Contexte

Prendre le temps d'analyser le projet, ses avantages, ses inconvénients, ses enjeux... Recenser tous les arguments possibles. Noter les faits, les exemples qui appuient ces arguments.

Comment l'utiliser ?

Étapes

1. Définir son objectif

Se donner un objectif précis et réaliste, et le formuler avec un verbe d'action. Par exemple : présenter votre projet, susciter l'intérêt de son dossier, impliquer son interlocuteur pour le faire agir (obtenir un financement...).

2. Préparer une stratégie

Posez-vous les trois questions suivantes avant de dérouler vos arguments :

› Qu'est-ce que mon interlocuteur a besoin de savoir de moi pour accepter de me lire (*executive summary*) ou de m'écouter (*pitch*) ? Présenter son expérience et sa légitimité sur le projet de micro-entreprise

› Qu'ai-je besoin de savoir de mon interlocuteur pour qu'il accepte de me lire (*executive summary*) ou de m'écouter (*pitch*) ? Comprendre son niveau de connaissance ou d'expertise, ses besoins ou ses attentes, ses freins ou « a priori » sur mon projet.

› Quel est le rôle du contexte dans lequel je rencontre mon interlocuteur ?

Le contexte impacte les enjeux de mon interlocuteur (ses enjeux seront différents s'il est un banquier, un fournisseur, un client...).

Savoir qui est son interlocuteur, ce qui le préoccupe ses enjeux et ce qu'il sait du sujet, PERMET de choisir les arguments à utiliser le ton et le mode d'argumentation, ainsi que la nature des informations à donner.

3. Structurer son argumentation

L'argumentation doit être construite à partir des besoins et des motivations de l'interlocuteur. Elle se déroule en trois temps :

› Présenter les avantages de votre projet. Développer quelques idées-forces, notamment les apports globaux de votre offre.

› Donner les preuves des avantages : renvoyer à l'étude de marché, à des statistiques officielles... Les points factuels sont les compléments indispensables des idées forces. Ils apportent la preuve de ce que vous avancez, et justifient votre position.

› Développer les bénéfices pour l'interlocuteur, c'est-à-dire ce que le projet apporte concrètement à l'interlocuteur : un nouvel emprunt, une machine à vendre, une offre de qualité...

Communiquer pour faire passer un message, et non pour parler d'un sujet.

Méthodologie et conseils

› Annoncer clairement au début de l'exposé la thèse que vous soutenez.

› Soigner tout particulièrement les points de départ et d'arrivée de l'argumentation.

› Développer de préférence les arguments les plus forts au début et à la fin.

› Utiliser les mots de liaison pour banaliser votre argumentation (donc, enfin, en conséquence, toutefois...). ■

Avantages

- Développer une argumentation claire, ciblée, percutante, factuelle et experte, pour capter l'attention de son interlocuteur.

Précautions à prendre

- Une bonne compréhension de la situation vous permettra de mieux argumenter et de valider le réalisme de votre objectif.

OUTIL 44

10 conseils pour être efficace

VOICI 10 CONSEILS POUR TENTER DE FAIRE LA DIFFÉRENCE

- Avoir une attitude positive
- Avoir confiance en soi
- Prévoir un fil directeur
- Savoir adapter son discours
- Se démarquer en séduisant
- Être enthousiaste
- Accepter les critiques
- Demander des conseils
- Utiliser le feedback
- Préparer la suite

En résumé

La présentation du projet doit être efficace et percutante. Vos interlocuteurs doivent se souvenir de vous, autant sur le fond que sur la forme. Tester sa présentation auprès de différentes personnes permet de recueillir des retours précieux pour l'améliorer. Tenir compte des remarques.

Insight

Your project's presentation needs to be efficient and incisive. In terms of form and content, it should make a lasting impression on your key interlocutors. In order to gain valuable feedback, try out your presentation in front of different people in advance, and improve it by taking their comments into account.

Pourquoi l'utiliser ?

Objectif

Suivre ces dix conseils peut vous aider à apprivoiser votre tract et vous donner une réelle confiance en vous lorsque vous allez présenter oralement votre projet.

Contexte

La prise de parole en public fait peur à la majorité des Français. Les autres se classent en 3 catégories : ceux qui se mentent à eux-mêmes, ceux qui sont anglo-saxons et ceux qui ont travaillé pour apprivoiser leur peur.

Comment l'utiliser ?

Étapes

1. Soigner le fond de la présentation

› Votre expertise et vos compétences étant bien réelles, il est inutile de vous justifier. La présentation de votre parcours professionnel passé doit être rapide et ne porter que sur des points essentiels en rapport avec le projet.

› Une phrase d'accroche qui suscite la curiosité est vivement conseillée pour entamer la présentation. Il s'agit de trouver un angle d'attaque plus « fun » ou « sexy » : être « apporteur de bien-être » plutôt que livreur de repas à domicile, par exemple.

› Le principe des « flash news » peut être utilisé au cours de la présentation. Cela consiste à délivrer des informations concrètes très ciblées qui illustrent le propos (... *j'ai d'ailleurs rendez-vous avec untel, il veut déjà que je fasse un premier bilan... ou ... ça y est j'ai trouvé mon local, c'est l'endroit rêvé...*). On montre que l'on est content et l'énergie positive ainsi dégagée se propage à l'entourage.

› Ne pas occulter un aspect délicat. Mentionner plutôt qu'il a été envisagé et que vous en êtes conscient. Montrer que vous êtes prêt à le gérer. Oser demander un conseil, une recommandation. C'est une preuve d'ouverture et cela permet de valoriser son interlocuteur. Préparer des questions précises et pertinentes.

2. Soigner la forme de sa présentation

Communiquer, certes, mais avec de l'écoute.

› Essayer de prouver que l'on est le meilleur est une lourde erreur. Il faut tout d'abord proposer et partager ce que l'on sait, sans imposer.

› Les personnes qui assistent à la présentation n'ont pas nécessairement les connaissances techniques liées à votre domaine, employer un langage clair, compréhensible par tous. Au besoin, fournir un lexique. Il est indispensable de partir du concret pour aller vers l'abstrait et clairement de l'idée au concept.

› Il faut vérifier qu'à tout moment, chaque personne que l'on a en face de soi, est toujours en phase avec le discours (*suis-je assez clair ? vous me suivez ?*). Il faut aussi penser à contrôler son débit de paroles, le ton employé, le volume de sa voix, et les faire varier pour éviter la monotonie.

Méthodologie et conseils

Il est indispensable de demander l'avis de son auditoire, individuellement pour que chacun exprime son ressenti sur la présentation et son contenu. Ecouter attentivement, prendre des notes au besoin. Ne pas sur-réagir aux évaluations négatives, admettre ses faiblesses, puis trouver des arguments positifs. La critique n'est pas forcément dirigée contre soi. Ne pas hésiter à reformuler un point qui semble mal compris. ■

Avantages

- Être bien préparé, pour bénéficier à plein temps, toujours trop court, que vous accorde votre interlocuteur.

Précautions à prendre

- Ne pas avoir peur d'énoncer ses objectifs et penser à structurer sa présentation orale.

OUTIL 45

L'executive summary

LES RUBRIQUES INDISPENSABLES

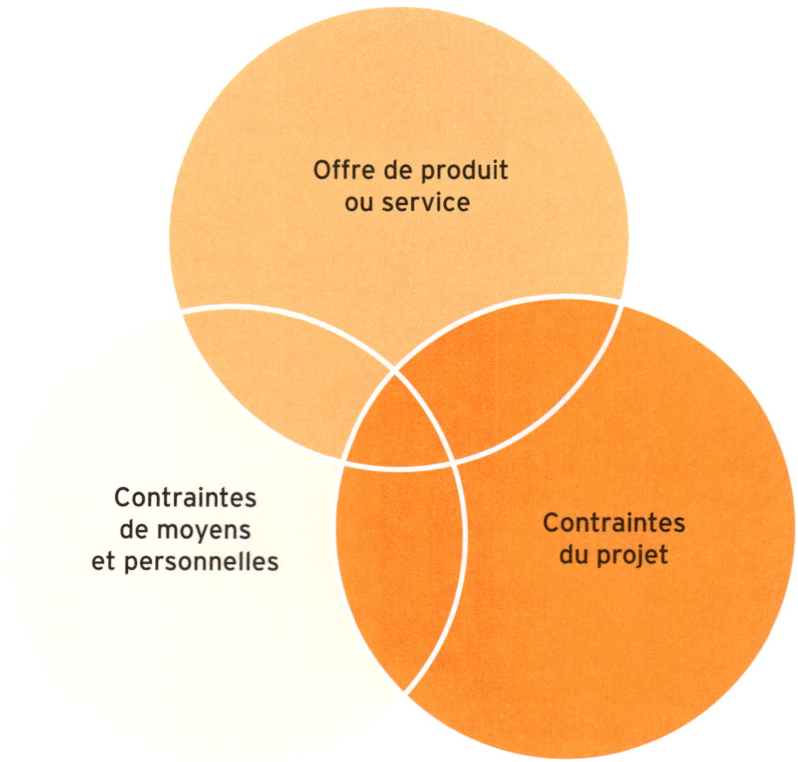

En résumé

L'executive summary est le **résumé du business plan** sur une demi-page maximum. Il figure au début du *business plan*. Ce résumé du projet permet au lecteur de savoir rapidement en quoi consiste le projet. C'est un document d'accroche, qui doit donner envie d'en savoir plus sur le projet.

Insight

*An **executive summary** forms part of the business plan. It reduces it to a half page (maximum) and is placed at the beginning, thereby permitting the reader to acquire a rapid overview of what your project is about. This is the hook that should make the reader want to know more about the project.*

Pourquoi l'utiliser ?

Objectif

L'executive summary permet au micro-entrepreneur de mettre en avant les avantages de son projet et d'expliquer ce qu'il souhaite obtenir de son lecteur.

Contexte

Les destinataires de *business plan* dans les banques en reçoivent énormément. Ils ne peuvent pas tous les lire en entier. Ils se contentent donc de lire les *executive summary*, et décident alors s'ils souhaitent en savoir plus sur le projet ou s'arrêter à ce stade. Votre *executive summary* doit donner envie de poursuivre la lecture du *business plan*. Il est donc important d'y apporter un grand soin.

Comment l'utiliser ?

Étapes

L'executive summary présente les points essentiels pour comprendre et vendre votre projet. Vous pouvez toutefois vous limiter à trois parties en présentant :

1. **L'offre de produits ou de services**

› Quel produit ou prestation de service sera vendu ?

› À quel besoin répond le produit ou la prestation de service ?

› Quelle est son utilité ? Quel sera le mode d'utilisation du produit ou de la prestation de service ?

› Comment et par qui sera-t-il vendu ?

2. **Les contraintes du projet**

› Quels sont les moyens à réunir ?

› Quels sont les risques du projet ?

› Quelle est la probabilité d'être rentable ? Qui sont les prescripteurs, les décideurs ?

3. **Les contraintes de moyens et personnelles**

› Quelle est ma disponibilité, ma santé, ai-je le soutien de mon entourage ?

› Quelle est ma compatibilité avec le projet, le changement de métier ?

› Quelles sont mes compétences, mes motivations profondes ?

› À combien s'élève ma caution personnelle et quels mes moyens à investir ?

› Pourquoi vous sollicitez les investisseurs et à quelle hauteur ?

En moyenne, un investisseur consacre 3 minutes à la lecture d'un business plan.

Méthodologie et conseils

› Bien que placé au début du business plan, *l'executive summary* se rédige lorsque le business plan est terminé. Afin de faciliter sa lecture, faites-en un document synthétique. Prévoyez quelques paragraphes de 3 à 5 lignes. Un paragraphe par thème à aborder. Chaque paragraphe met en avant les principales conclusions du thème. L'idée principale figure en début de paragraphe, les idées secondaires ensuite. Vous pouvez extraire des phrases ou des chiffres du qui sont parlants.

› Utiliser des mots simples, et éviter le jargon technique. Faire ressortir les mots-clés en les surlignant ou en les mettant en gras.

› Ce n'est pas un simple résumé, mais une synthèse qui doit être vendeuse, car elle détermine si la personne qui le lit va accepter de vous rencontrer. Chaque mot est important. N'hésitez pas à faire relire votre *executive summary* par une ou deux personnes qui pourront vous aider à le rendre plus clair et plus percutant. ■

Avantages

- L'*executive summary* permet d'accrocher l'intérêt du lecteur.
- Il peut être séparé du business plan et envoyé seul.

Précautions à prendre

- Apporter un grand soin à cette première partie du *business plan*, car c'est le premier document que le lecteur aura à disposition.

OUTIL 46

Préparer son pitch

LES QUATRE PHASES DU *PITCH*

1. Accroche

- Ce que l'on attend de l'échange
- Pourquoi vous écouter
- Pourquoi vous êtes légitime

2. Messages

- Se présenter
- Donner les grandes lignes de l'offre
- Montrer les bénéfices de l'offre et ce qui la différencie

3. Preuves

- Présenter des exemples de réalisation, des recommandations
- Utilser des chiffres
- Parler des personnes qui vous appuient

4. Action

- Inviter l'interlocuteur à vous donner sa carte de visite ou à poser une action pour vous revoir

En résumé

Le *pitch* est un exercice de communication orale qui consiste à se présenter et mettre **en valeur son projet** face à un partenaire, ou un investisseur potentiel, dont le temps est compté. Afin de ne pas être pris au dépourvu, préparer une accroche, quelques phrases étayées de présentation du projet, ainsi qu'une conclusion.

Insight

The pitch *is an oral communication exercise designed to* ***showcase your project*** *to a potential business partner or investor who has little available time. Don't get caught unawares: prepare a hook, a series of phrases to prop up your proposal, and a conclusion.*

Pourquoi l'utiliser ?

Objectif

Rédiger une trame de base de son *pitch* et l'adapter aux différents interlocuteurs, afin de se différencier par rapport à ses concurrents

Contexte

Un créateur d'entreprise doit être capable de présenter son projet en 30 secondes, 5 minutes ou une heure. Ce que veut savoir avant tout votre interlocuteur concerne la solution nouvelle que vous apportez au marché et comment elle va être utilisée.

Comment l'utiliser ?

Étapes

Il s'agit de présenter ce que vous faites, et pourquoi quelqu'un devrait travailler avec vous.

1. Présenter son projet sur le vif

Sans s'y attendre, le créateur d'entreprise peut être amené à défendre et parler de son projet en un temps très court. Par exemple, à l'occasion d'une rencontre lors d'un séminaire ou lors d'un salon. Il faut alors être très réactif, et pouvoir aborder de façon claire et concise les points essentiels :

- les besoins identifiés du marché, de la cible ;
- l'offre de produit ou de services proposée par rapport à ce besoin ;
- le retour sur investissement escompté.

L'objectif est de convaincre en très peu de mots, d'obtenir un rendez-vous durant lequel il sera possible d'effectuer une présentation plus complète. Cela suppose que ce « discours minimaliste » devra être prêt et que le futur micro-entrepreneur possède toujours sur lui, cartes de visite et/ou plaquette de présentation.

2. Présenter et développer son projet

L'opportunité d'un rendez-vous doit, à l'inverse, faire l'objet d'une minutieuse préparation, tant sur le plan des documents à produire, que sur celui de la présentation orale. Même si le dossier est solide, des hésitations, des doutes, l'impossibilité de répondre précisément à certaines questions, peuvent donner une impression défavorable aux interlocuteurs en présence. Pour cela, il convient de préparer sa présentation autour de six axes principaux :

La qualité d'une idée est jugée selon celle du pitch.

- le profil personnel et son adéquation avec le projet : mettre en avant ses difficultés de micro - entrepreneur, ses forces et ses qualités, et éventuellement quelques faiblesses ;
- le contenu de l'offre afin de prouver la réponse à un besoin identifié du marché ou de la cible : offre réaliste, crédible, réalisable et suffisamment ambitieuse ;
- la cible : donner ni l'impression de ratisser large, ni l'impression qu'elle est étroite ;
- Les moyens mis en œuvre pour atteindre l'objectif : compétences réelles et acquises, ressources disponibles, soutiens éventuels ;
- le modèle économique : stratégie, plan de financement initial ;
- la prise en compte de l'environnement : état du marché, concurrence, réglementation.

Méthodologie et conseils

- Utiliser des métaphores, des analogies. Cela permet à votre interlocuteur de se représenter mentalement ce que vous affirmez.
- Concluez par une promesse, faites le rêver, parlez-lui du potentiel de votre projet et de ce qu'il gagnera à vous joindre. ■

Avantages

- Mieux structurer votre idée et comprendre le cœur de votre entreprise.
- Approcher des partenaires, pour mieux développer votre idée, vendre vos services ou vos produits.

Précautions à prendre

- Être court, efficace et attirer l'attention.

DOSSIER

8 S'ORGANISER POUR TRAVAILLER SEUL

Travailler à son propre compte, sans collaborateur, est un changement radical de condition de vie professionnelle qui peut engendrer une certaine déstabilisation. Cela demande un minimum d'organisation pour mener à bien la réussite de son entreprise. Quelques bonnes pratiques doivent être adoptées et mises en œuvre dès le démarrage de l'activité.

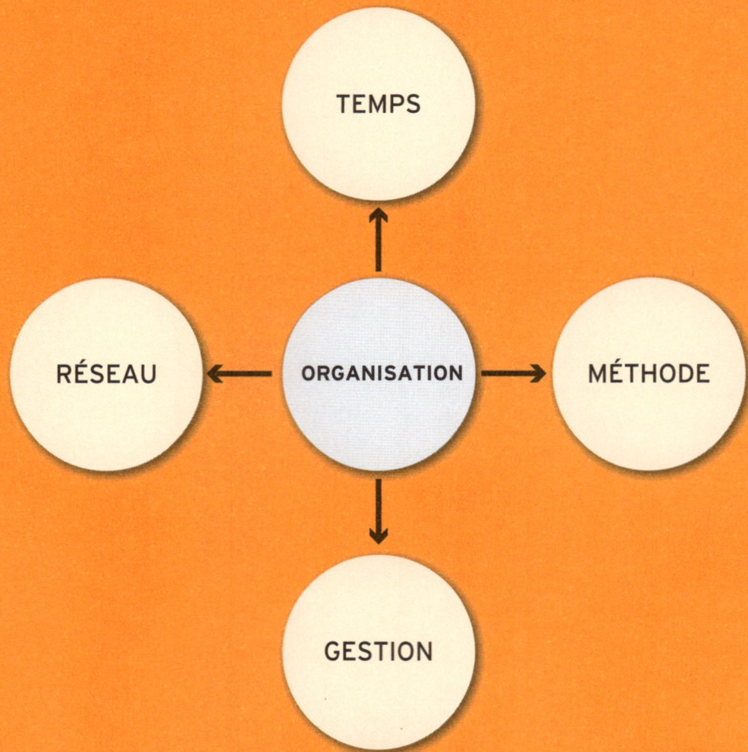

Organiser son temps

Maîtriser son temps passe par une réflexion sur l'équilibre entre ses priorités et le temps à y consacrer. Cette réflexion passe par un temps d'introspection, un temps que l'on s'accorde pour savoir ce qui est important pour notre efficacité personnelle.

Organiser son temps, c'est lui donner du sens. En organisant votre ordinateur à partir de vos différents rôles professionnels, vous vous facilitez la gestion de votre temps et le choix de vos priorités. Attribuez une structure identique à vos dossiers Windows, à vos dossiers de messagerie Outlook et à vos favoris Internet. Utilisez les mêmes catégories pour organiser vos rendez-vous, vos tâches, vos dossiers papier.

Travailler avec méthode

Seul face aux tâches qui vous incombent, vous pouvez vous retrouver perdu en début d'activité. Il importe donc de vous imposer des méthodes de travail accessibles mais rigoureuses. Il faut s'appliquer à :

› travailler par objectifs, si nécessaires découpés en sous-objectifs atteignables rapidement ;
› définir des priorités afin de ne pas se laisser très rapidement submergé ;
› planifier l'ensemble de ses tâches dans des délais raisonnables.

Fêtez vos réussites avec votre entourage, en cas d'obtention d'un beau contrat par exemple… comme vous le feriez pour motiver un collaborateur.

Organiser sa gestion

Quatre points sont essentiels :

› se procurer des outils de gestion : logiciel de comptabilité et de facturation, logiciel bureautique, logiciel métier spécifique ;
› gérer sa trésorerie : le fonds de roulement permet de financer les dépenses courantes dans l'attente des encaissements et de s'assurer de disposer de la trésorerie correspondante ;
› suivre ses factures : créer et envoyer sa facture dès le service réalisé ou le produit livré. Clarifier les délais de paiement et ne pas hésiter à relancer ses clients en cas de retard ;
› tenir sa comptabilité à jour de façon rigoureuse. Ne pas dépenser plus que ce que l'on gagne. Avoir une vision claire à court terme (6 mois).

Travailler en réseau

Ouvrez-vous sur le monde. Organisez-vous pour développer des contacts avec l'extérieur et étendre votre tissu relationnel dans le monde des affaires. Vous pouvez, adhérer à un club de créateurs de chefs d'entreprise, à un syndicat professionnel, ou participer aux réunions à thème de votre chambre de commerce, visitez les salons professionnels… Toutes ces rencontres seront l'opportunité d'obtenir des informations pertinentes et de nourrir votre vielle technique.

LES OUTILS

OUTIL 47

Se former

SUR QUOI SE FORMER ?

Le PROJET

- Définir son projet : objectif, cible, compétences, risques...
- Monter son projet : étude de marché, tarifs, stratégie, business plan, financement, gestion...

Le STATUT

- Cadre juridique dispositif, obligations, responsabilités...
- Règles fiscales et sociales : textes, guides de référence, alternatives...

L'ORGANISATION

- Préparer sa communication : canaux de communication, dépôt de marque, visibilité sur le web...
- Gérer son entreprise : déclarations, comptabilité, facturation...

En résumé

Tout entrepreneur doit avoir conscience qu'il va se retrouver seul pour assumer tous les rôles au sein de son entreprise : la création de l'offre, la commercialisation, la communication, la réalisation, l'après-vente, la gestion... qui nécessitent des compétences multiples. Son parcours professionnel ne lui a pas forcément donné l'opportunité de développer toutes ces compétences.

Insight

Every auto-entrepreneur should be aware that he/she will ultimately have to assume all the roles in his/her micro-business: conceiving, producing and marketing the product, public relations, customer service, management - all of these roles require multiple skills. Your previous training and experience have not necessarily enabled you to develop all those capacities.

Pourquoi l'utiliser ?

Objectif

Se préparer à assumer l'ensemble des fonctions représentées dans une entreprise. Pour certains il sera utile de se former à analyser son marché afin de définir une politique commerciale adaptée, pour d'autres à formaliser son projet dans un mini business plan, ou encore à établir un devis ou un tarif...

Contexte

Depuis le 1er janvier 2011, les micro-entrepreneurs doivent cotiser à la formation professionnelle. Chaque micro-entrepreneur est donc affilié à un organisme collecteur et à un fond d'assurances formation (Agefice pour les activités commerciales, FIFPL pour les professions libérales, FAFCEA pour les activités artisanales) qu'il peut contacter pour obtenir une aide financière pour financer sa formation.

Comment l'utiliser ?

Étapes

1. Se former seul

› Internet

Beaucoup d'informations sont disponibles sur internet, voir des modèles de documents à adapter. Ce n'est pas toujours facile de s'y retrouver en étant seul et cela peut être chronophage en temps.

› Expert

Demander des conseils à un expert dans son réseau ou à une association d'entrepreneurs, pour savoir comment procéder pour rédiger un business plan par exemple, ou pour valider l'avancement de son projet. Toutefois, la disponibilité de ces ressources n'est pas illimitée.

2. Suivre une formation

› Formation obligatoire

La formation obligatoire s'adresse aux futurs artisans qui seront immatriculés au répertoire des métiers. Ces derniers doivent suivre un stage de préparation à l'installation (SPI) d'une durée maximale de 30 heures. Les personnes concernées doivent contacter la chambre des métiers de leur région ou département pour connaître les organismes habilités à le dispenser.

› Formation recommandée

Suivre une formation pour acquérir des méthodes et des outils faciles à mettre en œuvre, permet de gagner du temps et de ne pas passer à côté de certaines obligations.

Un organisme de formation comme Cegos, propose notamment une formation de 2 jours « Créer sa micro-entreprise » avec un double objectif :

- identifier le statut et les régimes sociaux et fiscaux liés à la création d'une micro-entreprise, ses spécificités et ses contraintes ;
- préparer son projet et le lancement de son activité, sans brûler les étapes essentielles à sa réussite.

Méthodologie et conseils

Suivre un stage de formation permet de confronter son projet à la fois à l'expertise d'un créateur d'entreprise, mais aussi à la vision d'autres porteurs de projets. C'est également une opportunité pour élargir son réseau.

Profiter de se former au maximum durant la phase de montage du projet (surtout lorsqu'on peut bénéficier d'un crédit d'heures de formation suite au départ de son entreprise), car une fois l'activité lancée, on risque d'être totalement absorbé par celle-ci et de manquer de temps. ■

Compléter ses connaissances, monter en compétences, ajouter une corde à son arc.

Avantages

- Attirer l'attention sur les points clés à ne pas négliger afin de pouvoir créer sa micro-entreprise en toute sérénité.

Précautions à prendre

- Éviter des difficultés dans la gestion de son entreprise, voire regretter certains choix effectués au moment de sa création.

OUTIL 48

Préciser ses objectifs

LES CARACTÉRISTIQUES D'UN OBJECTIF

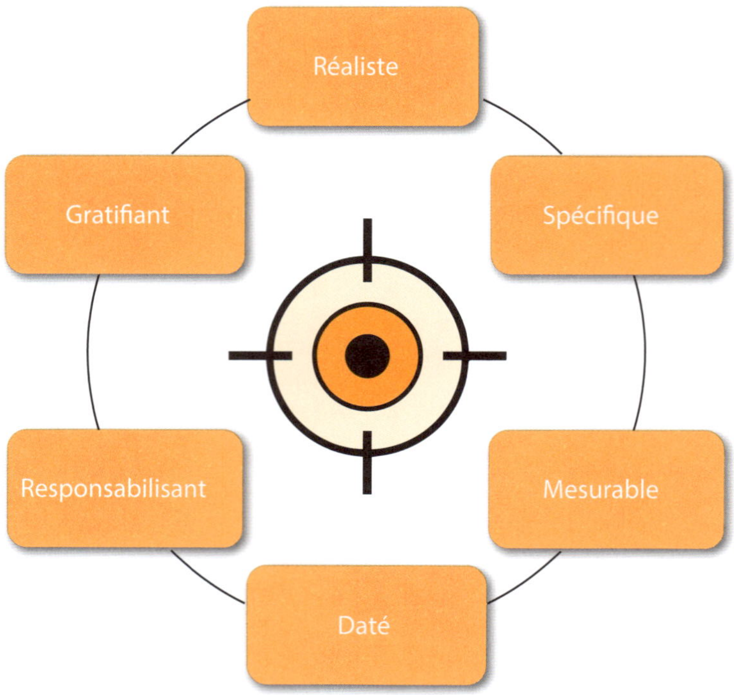

En résumé

Un objectif se définit comme un but à atteindre et non une tâche à accomplir. Il décrit un ensemble de résultats que l'on doit être capable d'atteindre pour être reconnu compétent, et que l'on s'engage à produire, à un client, à une date donnée. Il nécessite la mise en œuvre d'actions concrètes pour y parvenir.

Insight

An objective is defined as a goal to reach and not as a task to be accomplished. It circumscribes a series of results that you should be able to attain in order to be acknowledged as someone who is qualified to do the job. You commit yourself to delivering a product to a client on a given date. In order to achieve this, you need to implement a series of concrete actions.

Pourquoi l'utiliser ?

Objectif

Travailler en se fixant des objectifs et déterminant un plan d'actions permet de se mobiliser sur les priorités et sur l'atteinte des résultats.

Contexte

Une entreprise vit dans un environnement qui va faire pression sur elle. Il faudra donc, tenir compte des contraintes et des opportunités de environnement et, s'y adapter.

Comment l'utiliser ?

Étapes

1. Déterminer ses objectifs

Les critères fondamentaux pour déterminer un objectif (atteindre un chiffre d'affaires de X€, respecter l'enveloppe des achats...) sont :

› **Réaliste**. Un objectif trop ambitieux, peut conduire à une démotivation. Mais, il ne doit pas être trop facile pour maintenir une forte mobilisation. Pour apprécier la faisabilité d'un objectif, l'analyse de l'environnement est importante. Il est, plus aisé de se développer sur un marché qui augmente, que d'être stable sur un marché en baisse.

› **Spécifique**. Un objectif ne doit pas être général, mais porter sur un point précis (produit, activité).

› **Mesurable**. Pour savoir s'il est atteint, un objectif doit être mesurable. Il faut donc être à même de chiffrer (augmenter les ventes de 100 unités), ou d'observer de façon objective (traiter les réclamations des clients sous 24 heures).

› **Daté**. Un objectif n'est pas fixé pour une période indéfinie, mais en terme clair : mensuel, trimestriel, annuel.

› **Responsabilisant**. Il s'agit d'un engagement, à atteindre un résultat. Cela doit donner envie. **Gratifiant**. L'atteinte des objectifs doit apporter de la satisfaction, voire une récompense.

2. Les moyens

Les moyens vont déterminer les actions et l'organisation à mettre en place. Ils correspondent aux ressources dont l'entreprise doit se doter pour atteindre ses objectifs : financier, production, fournisseur, produit, humain... Il faut donc, en faire l'inventaire et évaluer les besoins.

L'objectif introduit la volonté d'action ou d'amélioration.

3. Le plan d'actions

Une fois la stratégie définie, il faudra établir un plan d'actions. Les principales actions porteront sur :

› les opérations de terrain : actions de prospection, suivi des devis, suivi de la clientèle existante et sa fidélisation ;

› les outils de vente : documents publicitaires et techniques, argumentaires de vente, agencement du lieu de vente ou de la vitrine ;

› la politique marketing : le marché, les produits, les prix, l'image ;

› la communication : les axes et les actions de communication à développer pour soutenir les efforts de vente, la publicité et ses différentes formes.

Méthodologie et conseils

Comme il est impossible de diriger son attention sur des buts trop diversifiés, on choisira un nombre restreint d'objectifs chaque année : 3 à 5, adaptés aux points clés de l'activité.

Le plan d'actions sera détaillé en procédant par étapes successives. Le mieux est d'élaborer un rétroplanning. ■

Avantages

- Concrétiser de manière tangible, observable, quantifiée et datée ses réalisations importantes.
- Initier des actions correctives s'il s'avère que les résultats obtenus sont inférieurs à l'attendu.

Précautions à prendre

- Des objectifs flous : non mesurable ou non datés.
- Un niveau de tâches trop détaillées.

OUTIL 49

Prioriser ses tâches

LA MATRICE DES PRIORITÉS

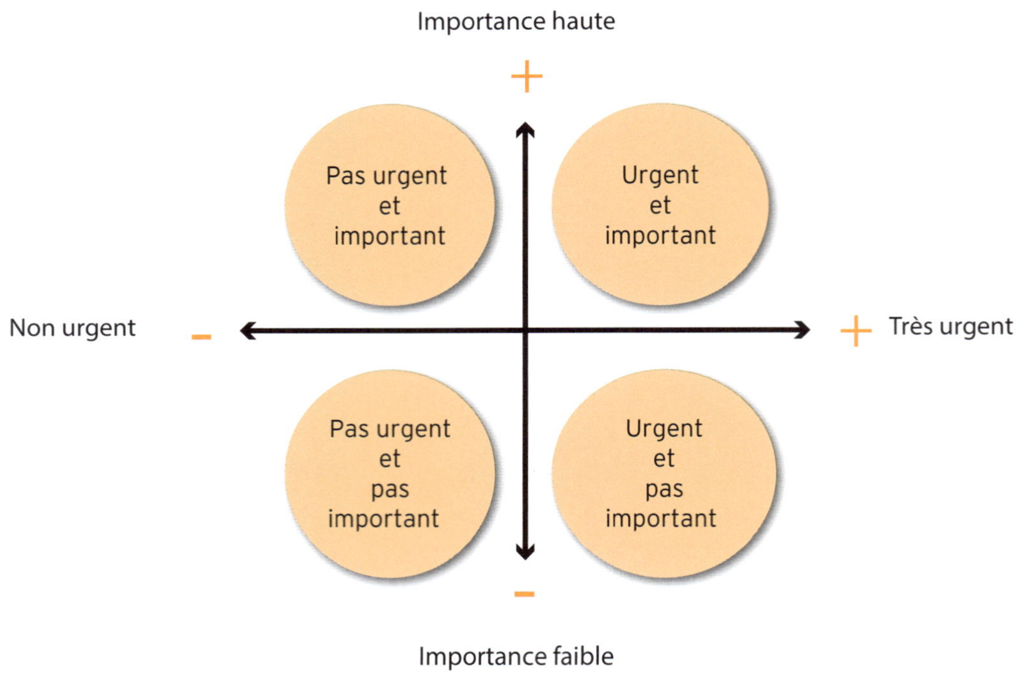

En résumé

Nous définissons le plus souvent les tâches que nous allons réaliser en priorité au travers de deux critères : l'importance et l'urgence. Le croisement de ces deux axes conduit à construire une matrice des priorités en quatre cases. Selon son positionnement dans la matrice, la tâche sera traitée différemment.

Insight

We most often prioritize tasks according to two criteria: importance and urgency. The intersection of those two axes produces a priority matrix, a graph with four cells. Each task should be treated differently according to its location in the matrix.

Pourquoi l'utiliser ?

Objectif

Seul face aux tâches qui l'attendent, un micro-entrepreneur peut se retrouver perdu en début d'activité. Il importe donc de s'imposer des priorités afin d'éviter de se laisser submerger.

Contexte

Nous recommandons au micro-entrepreneur de remplir régulièrement sa matrice des priorités pour la période à venir : semaine, quinzaine, mois ou, a minima, lorsqu'il commence à perdre de vue mes priorités.

Comment l'utiliser ?

Étapes

1. Classer les tâches à réaliser dans la matrice des priorités

Lister tous les rendez-vous et travaux de la période à venir, puis les classer selon leur degré d'urgence et d'importance dans la matrice des priorités. Cela permet de classer les tâches selon quatre niveaux de priorités.

2. Planifier à court terme et à moyen terme

› Traiter ce qui est « important et urgent » immédiatement. Commencer par les tâches qui réclament peu de temps et positionner les autres dans la journée.

› Planifier dans l'agenda ce qui est « important, mais pas urgent ». Si la tâche réclame du temps, la découper en sous-objectifs atteignables rapidement. Prévoir au moins une tâche importante par jour.

› Évaluer l'intérêt de réaliser ou pas ce qui est « urgent, mais pas important ». Si possible, négocier le délai pour réaliser la tâche ou la déléguer.

› Reporter ce qui est « ni urgent, ni important » à un moment plus adéquat. S'interroger sur l'opportunité de supprimer la tâche.

3. Faire un point quotidien sur les priorités

Prendre l'habitude de terminer sa journée par une synthèse rapide des tâches accomplies ou non, et rédiger la liste des tâches pour le lendemain (avec les priorités) ;

Chaque matin, prendre 5 minutes pour reprendre la liste des tâches rédigées la veille. Réfléchir à son organisation avant d'agir : quels livrables ? Quelles méthodes de travail ? Et fixer des durées réalistes pour chacune. Lancer « la machine » doucement pour atteindre son rythme de croisière en démarrant par une activité importante.

Anticiper pour privilégier l'essentiel ; rester centré sur l'important au quotidien.

Méthodologie et conseils

20 % de nos actions produisent 80 % du résultat, privilégier l'importance à l'urgence. En effet, c'est l'importance qui contribue fortement à la finalité de la mission. Commencer chaque journée par l'essentiel et renoncer d'emblée aux tâches à faible valeur ajoutée qui ne rentrent pas dans le temps imparti.

Lorsque tout semble aussi urgent et important, il est recommandé de créer d'autres critères de classement (intérêt de la tâche, compétence pour la réaliser). Cette analyse multicritères sera une aide à la décision.

Prévoir un système rigoureux de gestion de son emploi du temps, et de ses rendez-vous professionnels et personnels, avec une mise à jour en temps réel. Ne pas hésiter à reporter des engagements de rendez-vous pour intégrer de nouvelles priorités. ■

Avantages

- Garder le cap sur l'essentiel.
- Identifier les activités à haute valeur ajoutée.
- Privilégier sa mission aux urgences des autres.
- Dire halte à la sur-qualité.

Précautions à prendre

- Planifier l'ensemble des tâches dans des délais raisonnables.
- Réserver un pourcentage de temps pour gérer les imprévus.

Développer son réseau

LES RÉSEAUX SONT FORMELS ET INFORMELS

Réseau formel	Réseau informel
☐ Chambre de commerce	☐ Famille
☐ Syndicat professionnel	☐ Amis
☐ Associations	☐ Anciens collègues
☐ Clubs	☐ Voisins
☐ Communautés	

En résumé

Un micro-entrepreneur ne peut réunir, seul, l'ensemble des compétences nécessaires au développement de son activité. C'est dans son réseau qu'il va puiser les idées, avis, contacts... dont il a besoin pour développer son activité.

Le réseau relationnel est une chaîne de personnes susceptibles d'apporter un soutien ou des conseils, pour son activité professionnelle.

Insight

No micro-entrepreneur possesses all the necessary skills to develop his/her activity. You resort to a network from which you gather a series of ideas, opinions and contacts to succeed in your business.

Your network of relations is a chain of people who can offer potential support or advice to help you pursue your professional activity.

Pourquoi l'utiliser ?

Objectif

Constituer un réseau permet d'être à la pointe de l'information, d'échanger sur des pratiques professionnelles, d'être au courant d'opportunités, et de se rendre visible.

Contexte

Les marchés évoluent très vite, ils sont concurrentiels. Les partenaires sont à distance. Dans cet environnement complexe, le micro-entrepreneur a besoin d'informations et de contacts, pour réagir vite, convaincre de la valeur d'une solution, faire avancer un dossier...

Comment l'utiliser ?

Étapes

1. Faire le point sur son réseau

Commencez par évaluer l'ampleur de ses relations en cartographiant son réseau. Dressez une liste de toutes les personnes et connaissances qui constituent votre réseau. Ce bilan peut vous conduire à constater que vous possédez déjà de nombreux contacts.

2. Déterminer une stratégie de réseautage

Choisir un réseau, c'est d'abord clarifier ses objectifs. Par exemple :

- obtenir des informations sur un secteur d'activité ou un métier ;
- avoir des informations sur un partenaire auquel vous adresser ;
- contacter un expert pour avoir des conseils ;
- partager des expériences professionnelles et des bonnes pratiques ;
- Identifier les nouvelles tendances ;

3. Identifier le bon réseau qui peut vous aider à les atteindre

Le réseau formel renvoie à une organisation ayant un cadre juridique défini. Il est constitué de personnes poursuivant un objectif commun, comme réaliser des activités ou atteindre un résultat partagé. On trouve les chambres de commerce, les syndicats professionnels, les associations d'anciens, les clubs de femmes, les communautés virtuelles, les forums de discussion... Les réseaux sociaux sont un support approprié pour développer son réseau. Privilégier les groupes qui comptent peu de représentants de votre profession, et vous faire introduire par un membre.

Le réseau doit être mis au pluriel, on n'a pas un, mais des réseaux qui souvent s'entrecroisent et se superposent.

Le réseau informel est basé sur les affinités, des liens communs, des rapports d'estime mutuelle, voire d'amitié. Vous pourrez utiliser ce réseau pour faire avancer vos idées, vos projets, ou obtenir de l'information. Inversement, vous aurez à cœur de répondre présent à toute sollicitation de ce réseau.

Méthodologie et conseils

Pour créer un réseau solide, multipliez les occasions de rencontre. Votre objectif consiste à mieux connaître vos contacts et à mieux vous faire connaître d'eux. Il ne s'agit pas de vous mettre en avant, mais de vous intéresser aux personnes que vous rencontrez.

Poser des questions présente l'avantage de maîtriser la conversation, d'engranger des informations inattendues, et de détecter des affinités. Privilégiez des questions ouvertes, elles permettent aux personnes de partager leurs visions et leurs opinions.

Porter attention à la personne qui répond. Plus vous l'écoutez activement, plus vous l'encouragez à développer sa réponse. ■

Avantages

- Maintenir des liens et être au courant de ce qui se passe dans son réseau.
- Être attentif à sa E-réputation.

Précautions à prendre

- Toujours rendre service avant de chercher à obtenir quelque chose.
- Privilégier les rencontres réelles plutôt que virtuelles

OUTIL 51

Gérer son temps

LES SPHÈRES DE LA VIE

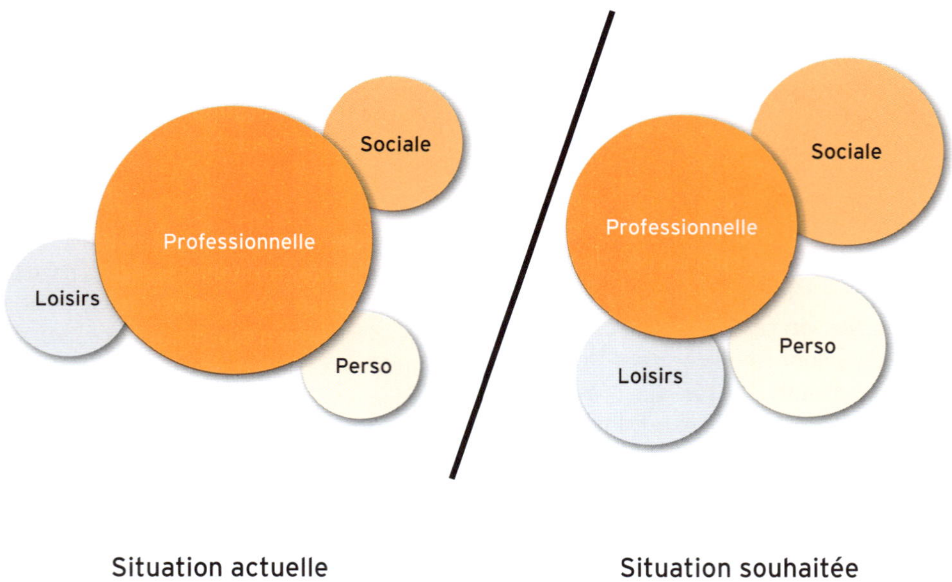

En résumé

La vie de tout individu se déroule dans plusieurs sphères. Chacune est tour à tour source d'enrichissement comme source de problème. Avoir un équilibre de vie consiste à développer toutes les sphères afin de pouvoir trouver du réconfort dans une sphère lorsqu'une autre va mal. Pour y parvenir, il faut savoir gérer son temps et éviter certains pièges.

Insight

We go about our daily lives by juggling several spheres. Each one of them can be a source of enrichment or of problems. We achieve our life balance by cultivating all of those spheres in order to find solace in one of them when problems arise elsewhere. To achieve this you need to know how to manage your time and avoid certain pitfalls.

Pourquoi l'utiliser ?

Objectif

Pour un micro-entrepreneur, le problème n'est généralement pas de se forcer à travailler, mais plutôt de s'arrêter de travailler. Il convient donc de bien séparer les deux mondes, la vie professionnelle et la vie privée.

Contexte

Séparer les sphères de la vie ne suffit pas. Il faut aussi équilibrer son temps entre sa vie professionnelle et sa vie sociale et personnelle.

Comment l'utiliser ?

Étapes

1. **Séparer le local professionnel du lieu de vie**

Le lieu d'exercice de l'activité doit être clairement séparé du lieu de vie, même et surtout, en cas d'exercice à domicile. On se rend à son bureau comme n'importe quel salarié. Même s'il n'y a qu'une porte à franchir, celle-ci représente la frontière des deux mondes.

De même, dans l'autre sens, il est important de faire comprendre aux autres membres de la famille vivant sous le même toit, que le local professionnel au cœur du domicile, n'est pas une pièce comme les autres où chacun peut y venir à sa guise.

Enfin, pour des raisons évidentes, tous les documents nécessaires à l'activité ne peuvent être mélangés avec ceux de la vie quotidienne, et nécessitent donc un emplacement bien distinct.

2. **S'imposer des horaires**

Il est primordial de s'imposer des horaires, ne serait-ce que pour être en phase avec ses clients et autres partenaires. Mais également, par souci de rigueur.

Toutefois, on constate que la plus grande difficulté, consiste à ne pas en faire trop. Il faut savoir s'arrêter de travailler à des heures raisonnables et compatibles avec la vie de famille. Préserver soirées, fins de semaine et vacances, est une chose importante. Conjoints et enfants n'en seront que plus reconnaissants.

3. **Préserver sa santé**

C'est le premier capital du micro-entrepreneur. Comme on le dit souvent : « il ne faut pas jouer avec sa santé ». C'est encore plus vrai dans ce cas, car personne ne pourra vous remplacer en cas d'absence, quelle qu'en soit la raison. L'activité s'arrête instantanément et les revenus aussi. Certes des contrats d'assurance peuvent couvrir des pertes de revenus pendant un certain temps, mais les clients n'attendent pas, eux ! Il est primordial de faire du sport, de s'accorder des moments de détente et de préserver son sommeil.

Penser à recharger régulièrement ses batteries afin de régénérer son capital d'énergie.

Méthodologie et conseils

Tenir compte de sa chronobiologie personnelle pour organiser ses journées de travail : réserver ses meilleures heures aux dossiers de fonds et placer le relationnel en début d'après-midi. Alterner les activités qui demandent de la concentration et celles qui sont plus légères.

En cas de chronostress, se relaxer physiquement (respiration, relaxation) pour s'apaiser. Faire des pauses régulières. L'esprit sera plus clair (pensées positives) pour revoir les priorités du moment. Mettre une limite à l'amplitude des journées de travail. ■

Avantages

- Sortir de la spirale du temps et du travail effectué en urgence.
- Équilibrer sa vie professionnelle et sa vie sociale et personnelle.

Précautions à prendre

- Ne pas prendre d'appels le soir ou le week-end.
- Délimiter des périodes de non interruption.
- S'octroyer un *break* d'une semaine.

OUTIL 52

Le livre des recettes et le registre des achats

LES MENTIONS OBLIGATOIRES

Livre des recettes

- Date
- Référence de la pièce
- Nom du client
- Nature de la vente
- Montant encaissé
- Code de règlement

Registre des achats

- Date
- Référence de la pièce
- Nom du fournisseur
- Nature du paiement
- Montant réglé
- Mode de règlement

En résumé

Le régime de la micro-entreprise est peu contraignant en matière d'obligations comptables. Les obligations légales se limitent à tenir à jour **deux documents comptables** : un livre des recettes et un registre des achats.

Ces documents seront tenus à disposition de l'administration fiscale en cas de contrôle.

Insight

In France, the micro-business status foresees few obligations in terms of accounting. The legal obligation is to keep ***two accounting documents*** *up to date: a revenue ledger and a purchase log. These documents are not necessarily required when you declare taxes, but they should remain available at all times for tax inspection.*

Pourquoi l'utiliser ?

Objectif

Suivre l'état de ses recettes et de ses achats est indispensable pour avoir une vision claire de son activité, et une première approche de l'état de sa trésorerie.

Contexte

Ce formalisme allégé permet de ne pas faire appel à un expert-comptable, entraînant une économie annuelle significative.

Comment l'utiliser ?

Étapes

1. Le livre des recettes

Le livre des recettes est obligatoire quelle que soit votre activité. Il sert à tracer par ordre chronologique toutes les recettes encaissées, qui constituent votre chiffre d'affaires. Les mentions obligatoires sont présentées ci-joint. Ce livre doit être paginé et mentionner chronologiquement le montant, la date et l'origine des recettes perçues : Date, référence pièce, client, nature, montant, mode d'encaissement.

2. Le registre des achats

Le registre des achats n'est obligatoire que pour les activités d'achat/revente de marchandises, de distribution d'objets, de fournitures et de produits alimentaires à emporter ou à consommer sur place, d'hébergement. Les prestations de services ne sont pas concernées. Les achats à mentionner ne concernent que ceux relatifs à votre activité commerciale : achats destinés à être revendus. Les autres achats n'y figurent pas. Vous pouvez toutefois en tenir un, même si l'obligation ne vous incombe pas, afin d'avoir une meilleure vision de ce que vous rapporte votre activité : date, référence pièce, fournisseur, nature, montant, mode de paiement.

3. Les principales rubriques

Pour les dates des opérations des recettes ou des achats, reprendre celles mentionnées sur vos relevés bancaires. Pour les références de pièces, utiliser le même numéro que celui de votre facture pour les recettes, et utiliser le numéro figurant sur la facture de votre fournisseur pour les achats.

5 minutes par jour, et un grand cahier ou un tableau informatisé.

Méthodologie et conseils

› Ces documents sont tenus au jour le jour, présentés en français et en euros. Ils distinguent les règlements en espèces et les autres règlements. Ils ne comportent ni blancs ni ratures. Ils doivent être accompagnés des pièces justificatives des ventes et des achats. Pour plus de clarté, ouvrir un livre de recettes et un registre des achats par année d'exercice.

› Du moment que les écritures ne sont pas modifiables une fois enregistrées, le micro-entrepreneur peut tenir sa comptabilité sur papier ou sur informatique à l'aide d'un logiciel agréé par l'administration fiscale.

› Les livres des recettes et les registres des achats, ainsi que toutes les pièces justificatives, doivent être conservés dix ans à compter de l'année de la fin de la création de la micro-entreprise. Vous devrez les présenter si vous avez un contrôle du fisc ou d'un organisme social. Vous pourrez les produire en cas de procédure judiciaire. ■

Avantages

- Des obligations comptables réduites.

Précautions à prendre

- Être rigoureux dans la tenue de ces documents puisque ce sont des documents légaux.
- Même si vous n'y êtes pas obligé, vous pouvez avoir intérêt à suivre vos achats.

OUTIL 53

Les factures

UN EXEMPLE DE FACTURE

Puzzle Consulting

Elisabeth MARTIN-DURAND
162, Bd Garibaldi - 75010 PARIS
Tél. : 01 42 63 51 48 / Fax : 01 42 62 51 48

Société BLEU HORIZON
Comptabilité fournisseurs
123, allée des Bleuets
92700 ISSY-LES-MOULINEAUX

Référence Client : 9202213-F — Paris, le 17 juin 2016

N° commande *693-45N* — Facture n° 028-2011/05BH

Objet : *Conseil en positionnement marketing pour la vente de produits technologiques à l'international*

Prix HT à la journée ________ *550,00 €*

Nombre de jours ________ *3*

***Total** HT* ________ *1 650,00 €*

***TVA 20** %* ________ *330,00 €*

Total TTC ________ *1 980,00 €*

Délai de règlement : 30 jours à réception de facture
Pénalités de retard : 10 % du montant total hors taxes
Frais de recouvrement en cas de retard de paiement : 40 euros

Puzzle Consulting - 162, Bd Garibaldi - 75010 PARIS - Tél. : 01 42 63 51 48 / Fax : 01 42 62 51 48 - infos@puzzleconsulting.com - http://www.puzzleconsulting.com
RCS PARIS 387 592 241 - N° SIREN : 38729254100021 - Code APE : 7022Z

En résumé

Les documents commerciaux sont des documents officiels. En fonction de la nature de l'activité exercée, les mentions obligatoires peuvent varier. Cependant, certaines informations sont récurrentes. La facture doit comporter un certain nombre d'informations obligatoires.

Insight

Business documents are official documents. Essential items within them vary according to your type of activity. Certain ones tend to recur, however: invoices, for example, contain several obligatory elements.

Pourquoi l'utiliser ?

Objectif

Afin de démarrer rapidement son activité, être efficace dans sa démarche commerciale et présenter dès le lancement un « visage professionnel » à ses partenaires et clients, il faut de disposer des documents commerciaux identifiés au nom de l'entreprise. Sur ces documents, il convient de prendre en compte à la fois, l'aspect communication et l'aspect obligatoire de certaines mentions.

Contexte

La facture est un document obligatoire pour les échanges entre professionnels. Pour les échanges entre professionnels et particuliers, la facture n'est obligatoire que pour les ventes de marchandises et la demande du client.

Comment l'utiliser ?

Étapes

Les factures doit mentionner, à minima, les éléments suivants :

- Identification complète de l'entreprise (nom, adresse, nom commercial).
- La forme juridique de l'entreprise.
- Le numéro de SIREN et d'immatriculation au RM et/ou RCS.
- Date de facturation et numéro de facture.
- Identification du client (nom, adresse).
- Détail des produits (marque, type, modèle) ou services rendus (taux horaire).
- Quantité.
- Prix unitaire et total hors taxe, en euro.
- Mention « TVA non applicable, article 293B du CGI (code général des impôts) ».
- Date précise de règlement exprimée en jour/mois/année (avec pénalités éventuelles en cas de dépassement, indemnité forfaitaire pour frais de recouvrement).
- Conditions générales de vente.
- Votre signature ou cachet de l'entreprise.

En fonction de l'activité, des éléments complémentaires devront être mentionnés :

- Numéro de TVA intracommunautaire pour toute vente à l'intérieur de Union Européenne, avec la mention « exonération de TVA, article 262 ter I du CGI).
- Rappel des acomptes ou des arrhes payés.
- Montant du devis déjà payé à déduire.
- Remises, ristournes, rabais ou taux d'escompte pour règlement comptant.
- Garanties légales et contractuelles attachées à votre offre ; mention de l'assurance professionnelle si elle est obligatoire).
- Délai de rétractation et modalité d'application pour toute vente par Internet.

Toute infraction sur une facture est sanctionnée d'une amende de 1500 à 3000 €.

Méthodologie et conseils

Chaque facture est établie en double exemplaire. Elle doit être délivrée au client, au plus tard après paiement des marchandises, à réception des travaux ou à la fin de la prestation de service.

En cas de retour client, de litige, ou d'escompte, vous émettrez une facture d'avoir à votre client. La mention « avoir » devra apparaître dessus, ainsi que le numéro de la facture initiale. Lors d'un achat, demander systématiquement une facture d'achat qui sera archivée.

Toutes les factures doivent être conservées 10 ans à compter de l'année d'émission. Récapitulatif des mentions obligatoires sur *www.service-public.fr/professionnels-entreprises/vosdroits/F31808* ■

Avantages

- Finaliser la transaction afin de se faire payer.
- Justifier de toutes les ventes et achats.

Précautions à prendre

- Être rigoureux sur les mentions obligatoires à faire apparaître sur la facture pour que celle-ci soit valable.

OUTIL 54

Les conditions générales de vente (CGV)

POURQUOI RÉDIGER DES CONDITIONS GÉNÉRALES DE VENTE

En résumé

Les conditions générales de vente sont des informations communiquées par un fournisseur à un client. Elles précisent les conditions légales de vente des produits ou des prestations de service, en l'absence de tout autre accord spécifique.

Tout achat réalisé auprès d'un fournisseur constitue, de facto, une acceptation de ses conditions générales de vente.

Insight

The Terms and Conditions of Sale and Delivery are a set of information items communicated by a supplier to his/her client. In the absence of any other specific agreement, they enumerate the legal conditions under which the products or services are sold.

Any purchase from a supplier is a de facto *acceptance of the supplier's conditions of sale and delivery.*

Pourquoi l'utiliser ?

Objectif

En définissant vos conditions générales de vente, vous élaborez le cadre juridique dans lequel vous souhaitez exercer vos transactions commerciales avec vos clients.

Contexte

Pour rédiger ses conditions générales de vente, vous pouvez demander à rencontrer un conseiller de l'AFE, d'une CCI, ou de la chambre des métiers. Vous pouvez également trouver des modèles de conditions générales de vente correspondant à votre activité auprès de votre syndicat professionnel.

Comment l'utiliser ?

Étapes

1. **Rédiger ses conditions générales de vente**

Les rubriques essentielles portent sur :

› **L'identité du micro entrepreneur.** Nom, adresse, nom commercial ; numéro de SIREN, numéro d'immatriculation au RM ou au RCS.

› **Le prix de vente hors taxe.** Barème des prix unitaires ; prix ferme ou prix indicatif soumis à révision, franco de port ; remise ou réduction de prix sur facture ; frais de déplacement ou d'hébergement en supplément ; tarif non assujetti à la TVA en application de l'article 293 B du code général des impôts.

› **Les délais d'intervention ou de réalisation.** Délais (retrait, envoi, livraison) contractuels ou, à titre indicatif et sans engagement de votre part.

› **Les conditions de règlement.** Au comptant ou avec paiement différé ; demande d'acompte, accord d'escompte pour règlement comptant.

› **Les conditions particulières.** Conditions de rétractation après acceptation et pénalités éventuelles ; conditions d'annulation ou de résiliation : modalités, mode de remboursement.

› **Le coût du devis.** Si le devis est payant : modalité et mode de paiement.

› **La clause de réserve de propriété.** Le client ne devient propriétaire qu'à règlement complet du prix.

› **Les garanties légales et contractuelles.** Produits ou prestations couverts ; durée, conditions de mise en œuvre ; le traitement des réclamations ; les délais applicable

› **Les pénalités de retard.** Le mode de calcul des intérêts dus par le débiteur.

› **La juridiction compétente en cas de litige.** Le tribunal de commerce du lieu de l'activité

Les CGV sont définies à l'article L 441-6 du code de commerce.

2. **Respecter le droit du commerce et le droit du consommateur**

Conditions relatives au transfert de propriété, à la logistique..., le barème des prix unitaires, les réductions de prix et les conditions de règlement.

La loi de modernisation de l'économie du 4/8/2008 (LME) plafonne les délais de paiement à 45 jours fin de mois ou à 60 jours date de facture. Elle renforce les pénalités de retard de règlement à trois fois le taux d'intérêt légal (à mentionner sur la facture).

Méthodologie et conseils

Le refus de communication des conditions générales de vente est sanctionné civilement par une amende. L'absence de mentions légales ou la présence de mentions illégales dans les conditions générales de vente expose à une amende administrative. ■

Avantages

- Respecter ses obligations légales.
- Se sécuriser en cas de litige.

Précautions à prendre

- Valider auprès d'un juriste ou d'un spécialiste du droit commercial que vos CGV sont conformes aux obligations légales.

DOSSIER

9 FAIRE ÉVOLUER SON ACTIVITÉ

Les raisons pour faire évoluer son activité peuvent être diverses :

- un dépassement prévisible du plafond de chiffre d'affaires ;
- l'apparition d'un nouveau marché porteur ;
- la nécessité d'embaucher des salariés ;
- la volonté de s'associer ;
- la baisse soudaine de l'activité ;
- etc.

Quelle que soit la raison, pour envisager cette évolution, il convient de relancer un processus d'étude rigoureux qui permettra au micro-entrepreneur d'avoir toutes les cartes en main pour se projeter vers de nouveaux horizons.

Le micro-entrepreneur doit avoir une vision claire et permanente de l'état de son activité. Cela ne signifie pas seulement connaître l'évolution de son CA chaque mois, ou du nombre de ses clients, mais grâce à des tableaux de bord qu'il aura eu soin de préparer, disposer d'un panorama complet de l'activité.

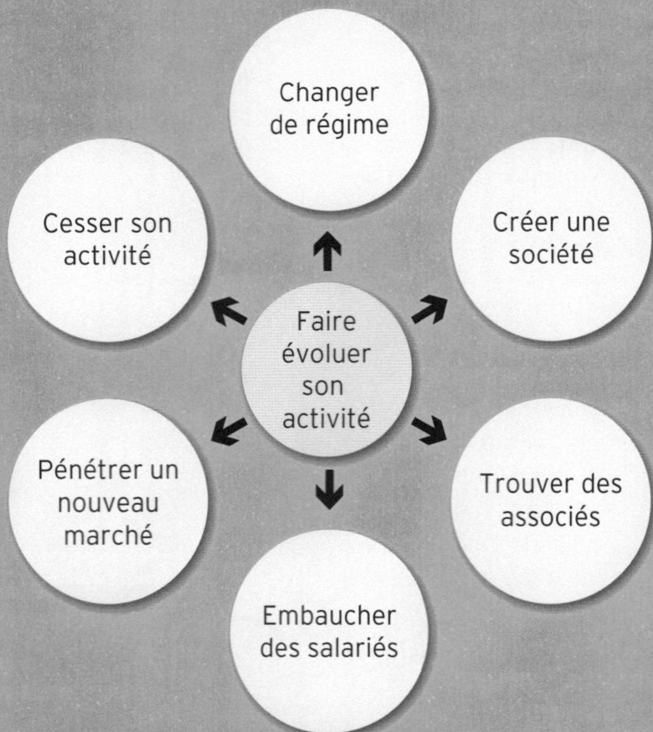

DOSSIER

9

Faire un bilan de son activité

Après 3 mois, 6 mois, 1 an d'activité, il est utile de réaliser un bilan de son activité et vérifier les décalages avec le prévisionnel effectué en début de projet. Les objectifs en termes de chiffre d'affaires, de nombre de clients, de ratio CA/client, CA/temps, de dépenses, etc. sont-ils atteints, dépassés ou très en deçà des espérances ?

Et surtout, identifier les causes des éventuels décalages afin de pouvoir prendre rapidement les mesures correctives qui s'imposent.

Trouver des solutions pour évoluer

Plusieurs options s'offrent au micro-entrepreneur pour accroître son activité ou transformer son entreprise. Que ce soit au travers d'un changement de régime fiscal ou par le passage en société, voire même par l'embauche d'un ou plusieurs salariés... Quelle qu'elle soit, la solution retenue doit lui permettre de répondre avec efficacité au besoin détecté.

Au-delà des possibilités techniques d'évolution, le micro-entrepreneur peut aussi décider de se tourner vers de nouveaux marchés, plus porteurs que celui qu'il exploite actuellement, ou parce qu'une opportunité se présente sur un marché inexploité.

Se remettre en question

Une remise en question n'est pas chose facile, surtout s'il s'agit de constater un échec, une erreur d'aiguillage. Cependant un échec peut permettre de rebondir, en tirant bien entendu les leçons indispensables qui permettront de s'améliorer la prochaine fois.

Arrêter son activité n'est donc pas chose dramatique ; pour une mciro-entreprise cela peut se faire simplement en respectant les procédures administratives prévues dans ce cas de figure.

Sur un plan plus positif, fermer sa micro-entreprise et y cesser son activité, est également nécessaire si l'on souhaite créer une société pour changer de statut.

LES OUTILS

OUTIL 55

Les tableaux de bord

UN TABLEAU DE BORD S'ORGANISE AUTOUR DE TROIS CATÉGORIES D'INFORMATIONS

❶
Les indicateurs
Ils donnent une vision précise des données essentielles à la prise de décision
Ex : la vitesse, le niveau de carburant…

❷
Les témoins d'alerte
Ils informent du non-respect d'une norme établie
Ex : la température d'huile…

❸
Les informations d'analyse
Elles permettent de comprendre une situation et d'orienter l'action à moyen terme
Ex : la vitesse moyenne, le nombre de kilomètres à parcourir avant la prochaine révision…

En résumé

Le terme, tableau de bord, emprunté au domaine de l'automobile ou de l'aviation, fait référence au système d'information de l'entreprise.

Le tableau de bord regroupe des indicateurs permettant au micro-entrepreneur d'avoir une vue globale sur son activité.

Insight

Normally associated with land and air vehicles, the term "dashboard" refers to an enterprise's information system.

The dashboard regroups all the performance indicators that enable you as a micro-entrepreneur to acquire a well-founded overview of your business activity.

Pourquoi l'utiliser ?

Objectif

Grâce à son tableau de bord, un micro-entrepreneur peut faire le point régulièrement par rapport aux objectifs qu'il a inscrits dans son *business plan*, et décider d'actions à mener s'il s'écarte trop de la trajectoire initiale.

Contexte

Piloter une entreprise est plus complexe que de conduire une voiture, et pourtant, nombreux sont ceux qui se livrent à cet exercice sans disposer des outils indispensables à ce pilotage.

Comment l'utiliser ?

Étapes

1. Choisir les objectifs

Un chef d'entreprise va orienter son tableau de bord sur les objectifs qu'il souhaite atteindre : lancer un nouveau produit, réduire son besoin en fonds de roulement, augmenter sa marge sur ventes...

2. Identifier les indicateurs

Un indicateur est une donnée « objective » décrivant un phénomène du strict point de vue quantitatif. Il doit rendre compte fidèlement du phénomène que l'on cherche à mesurer. On distingue cinq catégories d'indicateurs :

- **Indicateurs stratégiques.** Renseignent directement sur la réalisation de la stratégie et de ses objectifs : % des ventes par produit ; % de marge / chiffre d'affaires.
- **Indicateurs de performance.** Apprécient en termes qualitatifs / quantitatifs ce qui est finalisé : évolution du chiffre d'affaires ; nombre de nouveaux clients.
- **Indicateurs d'activité.** Donnent des éléments relatifs à l'action réalisée pour l'obtention des résultats : nombre de clients/nombre de prospects ; taux de retour e-mailing.
- **Indicateurs d'efficacité.** S'assurent de la réalisation de l'activité, expriment la productivité : taux de prise de commande ; montant moyen de commande ; rotation des stocks.
- **Indicateurs d'éclairage.** Mesurent la valeur des ressources consommées ; €/kg de matières premières ou de matériaux achetés.

Pas de tableau de bord sans objectif, car on ne ferait que constater, sans savoir où agir.

3. Construire le tableau de bord

Les données en tant que telles sont peu significatives si on ne les rapproche pas d'autres données, comme une référence. La référence peut être issue du *business plan*, d'une nouvelle cible pour l'année à venir, ou de la réalisation de l'année précédente.

La fréquence de suivi dépend du besoin de réactivité ; on retient le plus fréquemment le mois ou la semaine. Les mois précédents permettent de constater une évolution, et de comprendre, si bien que l'objectif ne soit pas atteint, la situation s'améliore ou se dégrade.

Les écarts entre la réalisation et la référence mettent en valeur les dérives significatives.

Méthodologie et conseils

Ce n'est pas le nombre des indicateurs qui compte, mais leur pertinence à un moment donné et dans une situation donnée. Il peut être utile de rapprocher des données entre elles, comme le chiffre d'affaires et le besoin en fonds de roulement, par exemple. Pour pouvoir faire des comparaisons dans le temps, il est recommandé d'utiliser la même méthode de mesure à chaque fois que les données sont actualisées. ■

Avantages

- Rassembler les éléments essentiels pour suivre son activité et prendre des décisions.

Précautions à prendre

- À initialiser le plus vite possible avant d'être débordé par l'activité.
- Adapter les indicateurs en fonction du développement de l'activité.

SUITE OUTIL 55 →

OUTIL 55

Les tableaux de bord

Comment être plus efficace ?

Dans une micro-entreprise le tableau de bord permet de suivre :

a. **L'évolution du chiffre d'affaires** pour vérifier les prévisions du *business plan*, savoir où on en est par rapport au seuil maximum de chiffre d'affaires. Ce suivi être décomposé par produit afin de voir ce qui marche le mieux dans une activité de vente de produits ou, être rapproché du nombre de jours prestés pour une activité de conseil.

b. **La marge sur ventes** pour valider ses tarifs et ses modes de fonctionnements. La marge globale peut être éclatée entre celle réalisée sur une prestation vendue et sur une refacturation d'un produit acheté (matériau, matières de base).

c. **La trésorerie en caisse** pour surveiller les encaissements (facturations aux clients) et les décaissements (dépenses d'exploitation de l'activité), afin de s'assurer que le solde est positif.

d. **Des indicateurs spécifiques à certaines activités :**

- Stocks (ventes à domicile)
- Panier moyen par client (distribution de produits)
- Taux de transformation des devis en commandes (artisan)
- Taux de remplissage (chambre d'hôtes)
- Taux de facturation (conseil)

Pour être complet, un tableau de bord doit épouser 3 logiques :

1. **La logique du passé**

Le tableau de bord montre si les résultats obtenus correspondent à l'objectif fixé. Par exemple, l'écart entre le chiffre d'affaires réel et le chiffre d'affaires cible permet de voir si on est en ligne par rapport aux prévisions, en avance ou en retard. Cette information se limite toutefois à un constat du passé. Si elle indique qu'il faut réagir, elle n'oriente pas vers la décision à prendre pour remédier à cet écart.

2. **La logique de réaction**

Le tableau de bord indique si les normes d'activité fixées sont respectées. Par exemple, le suivi du nombre de rendez-vous clients par mois peut être corrélé avec le chiffre d'affaires réalisé mensuellement. Il est fréquent de constater une baisse du chiffre d'affaires lorsque le nombre de rendez-vous clients diminue. On sait alors où porter son effort pour revenir à l'objectif de départ.

3. **La logique d'anticipation**

Le tableau de bord montre si les données prévisionnelles - budget, pic des ventes, nombre d'appels...- permettent de valider l'atteinte des objectifs du mois ou du trimestre prochain.

EXEMPLE de tableaux de bord d'une entreprise de fabrication et vente de bouquets de fleurs à domicile

Suivre le chiffre d'affaires et le résultat de l'activité

Mensuel en euros	Tr1 réel	Tr2 réel	% / cible	07	08	09	Tr4 prévu	Total prévu	Cible	Ecart/ cible
Chiffre d'affaires - client Dupont - client Durand - client Martin ...										
Encaissements (E)	6 700	9 700	51 %	1 500	1 000	2 300	10 400	31 600	32 000	- 400
Achat de fleurs Achat de mousse Achat de vases Achat emballages Loyer et charges Carburant Assurance Téléphone, internet Frais bancaires ...										
Décaissements (D)	4 900	6 800	53 %	1 000	700	1 700	7 200	21 900	22 000	- 100
Résultat (E - D)	1 800	2 900	47 %	500	300	600	3 200	9 700	10 000	- 300
Résultat (%/CA)	27 %	30 %		33 %	30 %	26 %	31 %	31 %	31 %	

Suivre l'attractivité du site internet

Mensuel	01	02	03	04	05	06	07	08	09	10	11	12
Nombre de visites sur le site internet	1 500	1 400	1 300	1 500	2 000	1 600						
Chiffre d'affaires	2 500 €	2 300	1 900	2 800	4 100	2 800						
Nombre de commandes	70	65	60	64	91	72						
Taux de transformation	5 %	4,6 %	4,6 %	4,3 %	4,6 %	4,5 %						
Panier moyen	36 €	35 €	32 €	44 €	45 €	39 €						
Montant en stock	500 €	460 €	475 €	560 €	610 €	560 €						
Stock/CA	20 %	20 %	25 %	20 %	15 %	20 %						

Suivre l'attractivité de l'offre

Mensuel	01	02	03	04	05	06	07	08	09	10	11	12
Bouquets : 10 fleurs	580 €	550 €	600 €	740 €	1 320 €	1 250 €						
Bouquets : 15 fleurs	850 €	920 €	320 €	650 €	1 500 €	470 €						
Composition en pot : petite taille	720 €	500 €	650 €	630 €	400 €	880 €						
Composition en pot : grande taille	350 €	330 €	330 €	780 €	880 €	200 €						
Chiffre d'affaires total	2 500 €	2 300 €	1 900 €	2 800 €	4 100 €	2 800 €						

OUTIL 56

Changer de régime ou de statut

PLUSIEURS CHOIX POSSIBLES

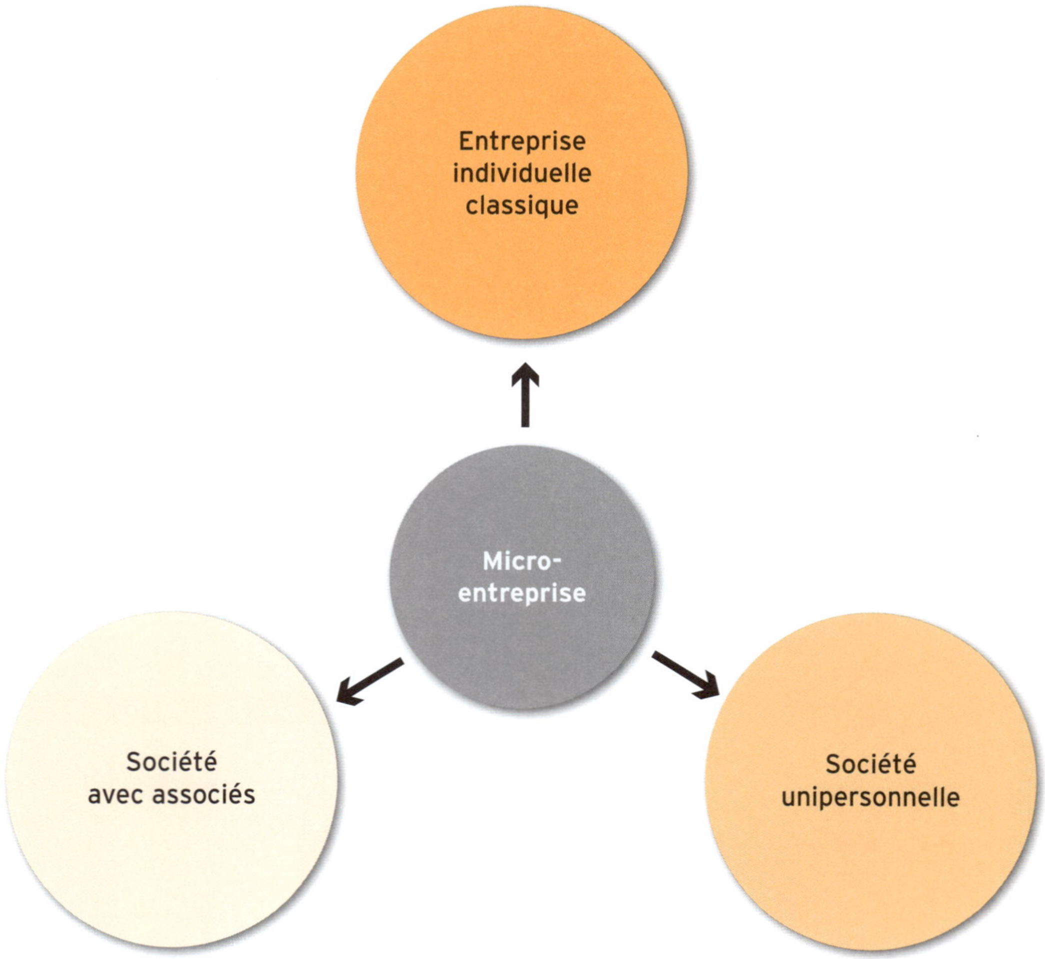

En résumé

Un chef d'entreprise doit savoir se projeter à long terme et envisager l'évolution de son activité, tant sur le fond que sur la forme

Changer de régime ou de statut permet au micro-entrepreneur de répondre à ce besoin

Insight

As head of your enterprise, you should know how to project yourself long-term into the future and envisage your activity's evolution over time, in terms of form and substance.

By modifying your tax arrangement or status, you can help your small business prepare for upcoming change

Pourquoi l'utiliser ?

Objectif

Le développement de son activité économique peut amener le micro-entrepreneur à se poser la question du changement de régime ou de statut de son entreprise.

Contexte

Le choix initial effectué par le porteur de projet lors de la création de son entreprise peut ne plus répondre aux nécessités économiques liées à l'évolution du marché ni à sa vision du développement de son activité.

Aussi doit-il envisager un changement de structure afin de transformer sa micro-entreprise et l'adapter au nouveau contexte dans lequel celle-ci doit continuer à se développer.

Comment l'utiliser ?

C'est dès le lancement de son activité que le futur chef d'entreprise doit penser à son évolution future. Tout dépend de l'ambition que l'on a à faire progresser cette activité et à la façon dont on souhaite l'exercer.

Plusieurs possibilités s'offrent au micro-entrepreneur pour changer la forme de son entreprise mais il faudra tout d'abord s'assurer de ses nouvelles motivations, car les charges, dans tous les sens du mot (de travail, sociales), seront forcément plus lourdes.

Étapes

1. **Réaliser un bilan de son activité** pour savoir si la structure juridique choisie au départ est toujours en adéquation avec celle-ci.
2. **Effectuer une étude de marché** ciblée afin d'identifier les opportunités et les leviers de croissance.
3. **Refaire un *business plan* à 3 ans** afin d'avoir une vision claire et chiffrée de l'évolution de l'entreprise.
4. **Étudier les avantages et inconvénients** d'un changement de régime ou de statut.
5. Dans le cas d'un changement de statut, **entamer une nouvelle démarche projet,** comme lors de la première création.

Méthodologie et conseils

Opter pour un nouveau régime ou statut, impose une remise en question pour le chef d'entreprise. C'est une évolution logique du développement d'une entreprise, mais cela nécessite de remettre beaucoup de choses à plat. Le bilan est donc une étape indispensable.

La première question à se poser est de savoir si l'on souhaite continuer l'activité seul ou avec des associés ou des salariés ?

L'augmentation du chiffre d'affaires est également un critère clé puisque le régime micro impose un plafond très bas aux entreprises concernées. Il faut cependant s'assurer que cette augmentation sera pérenne et suffisante pour passer à la vitesse supérieure. ■

Se libérer des contraintes de la micro-entreprise en changeant de régime ou de statut.

Avantages

- Limitée sous bien des aspects, la micro-entreprise ne peut qu'évoluer en changeant de régime ou de statut.
- Cela lui offrira une plus grande visibilité sur le marché et l'espérance d'un plus gros chiffre d'affaires.

Précautions à prendre

- Être certain de ses motivations et de ses capacités car les contraintes seront plus grandes.
- S'assurer de réaliser un CA minimum pour répondre à l'augmentation inéluctable des charges et frais qui découleront de ce changement.

SUITE OUTIL 56 →

OUTIL 56

Changer de régime ou de statut

Comment être plus efficace ?

L'option changement de régime

1. **Ce qui ne change pas :** la forme juridique de l'entreprise qui reste une EI, donc aucune démarche particulière à effectuer sur ce point.

2. **Ce qui change :**

- le régime social avec une application des taux de droit commun basé sur le chiffre d'affaires diminué de certaines charges et frais ;
- le régime fiscal avec une imposition basée sur le chiffre d'affaires diminué des charges et frais ;
- l'assujettissement à la TVA obligeant à la facturer mais offrant aussi la possibilité de la récupérer sur les achats et investissements effectués pour le compte de l'entreprise ;
- la gestion comptable nécessitant la tenue d'une trésorerie recettes / dépenses (livre journal, bilan) ;
- faire appel à un expert-comptable (coûts supplémentaires) est conseillé mais non obligatoire ;
- adhérer à une association ou un centre de gestion agréé (non obligatoire) pour bénéficier d'avantages fiscaux et offrir une plus grande transparence vis-à-vis de l'administration fiscale.

L'option changement de statut

1. **Ce qui ne change pas** : néant.

2. **Ce qui change :** pour faire simple, tout !

La première action à accomplir étant de clôturer sa micro-entreprise pour créer une société. En effet, il n'est pas possible de transformer une personne physique en personne morale.

Il faut ensuite procéder à la création de sa société avec comme principales différences par rapport à la micro-entreprise :

- le choix et l'enregistrement d'un nom de société auprès du RCS (penser aussi au dépôt INPI pour protéger ce nom) ;
- la rédaction et le dépôt de statuts ;
- le dépôt d'un capital (minimum 1 euro, mais non conseillé) ;
- l'ouverture d'un compte bancaire dit « professionnel » ;
- le choix d'un expert-comptable.

CAS d'une étude comparative des choix d'évolution possibles

Besoin	Choix possibles	Commentaires
Rester indépendant Augmenter son CA	EI (entreprise individuelle) Régime réel	**Les +** – Pas de modification de la structure juridique de son entreprise – Peu de démarches à accomplir, gestion de l'entreprise à peine plus lourde – Un plafond de CA sensiblement augmenté, possibilité de récupérer la TVA sur les achats **Les –** – L'entreprise reste une personne physique, l'image de marque n'est donc pas accrue – Aucun capital n'étant déposé, les garanties financières reposent sur le patrimoine de l'entrepreneur
Rester seul décideur Développer l'activité	EURL (entreprise unipersonnelle à responsabilité limitée) SASU (Société par actions simplifiées unipersonnelles)	**Les +** – Conserver la maîtrise de son entreprise et des décisions à prendre – Possibilité d'embaucher des salariés afin de répondre à l'offre et développer l'activité et donc le CA **Les –** – L'obligation de déposer un capital crédible auprès des futurs partenaires – Des contraintes plus lourdes en termes de gestion administrative et comptable – Des charges et frais de gestion plus importants
S'associer Trouver de nouveaux marchés Embaucher des salariés	SARL (société à responsabilité limitée) SAS (société par actions simplifiées)	**Les +** – Avoir des compétences complémentaires au sein de l'entreprise – Augmenter sa visibilité grâce à une image de marque plus « haut de gamme » – Diversifier l'activité grâce au développement sur de nouveaux marchés **Les –** – Des contraintes administratives et comptables plus importantes – De nouvelles tâches en matière de gestion du personnel – Des charges fixes plus importantes (salaires, cotisations sociales) – Des investissements supplémentaires à prévoir

OUTIL 57

Trouver de nouveaux marchés

LES RAISONS QUI POUSSENT À FAIRE ÉVOLUER SON ACTIVITÉ

Étendre son activité à d'autres services

- ☐ Activité actuelle insuffisante
- ☐ Activité actuelle peu motivante
- ☐ Passer en phase « 2 »

Sous-traiter à des prestataires

- ☐ Surcharge de travail
- ☐ Manque de compétences dans le domaine requis
- ☐ Réduction des charges fixes

En résumé

Toutes les raisons évoquées ci-dessus, et bien d'autres encore, peuvent pousser un micro-entrepreneur à **étendre son champ d'intervention** vers d'autres horizons, tout en conservant, pourquoi pas, son cœur de métier.

Insight

All reasons evoked in the previous pages and others, as well, can lead a micro-entrepreneur to ***extend his/her field of action*** *to other horizons, while still maintaining - why not? - his/her core business.*

Pourquoi l'utiliser ?

Objectif

À tout moment, un micro-entrepreneur peut décider d'exercer son activité d'une autre manière afin de la faire évoluer et de poursuivre la croissance de son chiffre d'affaires.

Contexte

Le micro-entrepreneur qui recourt à la sous-traitance établira une facture plus élevée à son client, sans pouvoir déduire celle envoyée par le sous-traitant au titre de sa quote-part.

Comment l'utiliser ?

Étapes

1. Etendre son activité vers d'autres services

Bien que cela n'ait pas été envisagé au départ, un nouveau marché est apparu. Le potentiel semble intéressant et les moyens pour y parvenir, pratiquement opérationnels :

- l'activité de veille est payante ;
- il s'agit d'une opportunité ;
- les compétences et les ressources nécessaires sont disponibles ;
- les gains espérés peuvent être supérieurs à ceux initialement prévus.

L'étude de marché initiale, qui a permis de lancer le projet, peut être relancée avec les ajustements nécessaires :

- un recentrage est nécessaire, certains paramètres ayant été omis ou mal appréhendés ;
- le marché a évolué (habitudes des consommateurs, technologie...) ;
- la concurrence, quasiment absente à l'origine, est désormais bien présente ;
- la réglementation a changé ;
- la remise en question de la stratégie marketing.

2. Sous-traiter à des prestataires

L'activité sur ce marché se développe bien et il n'est pas possible de répondre à toutes les sollicitations.

La sous-traitance implique une étroite collaboration entre tous les acteurs afin de coordonner toutes les opérations pour parvenir au résultat escompté. Le contrat d'entreprise est conclu entre le maître d'ouvrage (le client) et le maître d'œuvre (le micro-entrepreneur) ; le contrat de sous-traitance inclut le maître d'œuvre et le sous-traitant. Ce contrat précisera tous les aspects de la mission et les conditions de réalisation.

Le sous-traitant, bien qu'indépendant, représente l'entreprise auprès de son client. Toutes ses compétences doivent être passées en revue : savoir-faire technique, certificats professionnels, références, respect des règles propres à l'activité et de non-concurrence...

Faire preuve de détermination, de hardiesse, aller plus loin.

Méthodologie et conseils

L'ajout d'une nouvelle activité à celle déjà exercée n'est pas sans conséquence lorsque celle-ci est de nature juridique différente. Cela engendre, soit une inscription modificative au CFE, soit une inscription dans un autre registre professionnel. Outre les aspects techniques, commerciaux et relationnels, un certain nombre de vérifications doivent également être effectuées vis-à-vis du sous-traitant :

- est-il un véritable professionnel déclaré au registre professionnel dont il relève ?
- est-il à jour du paiement de ses cotisations sociales ?
- ses salariés bénéficient-ils de contrats de travail en bonne et due forme ?
- dispose-t-il de toutes les assurances nécessaires à l'exercice de son activité ? ■

Avantages

- Poursuivre le développement de son activité tout en conservant les avantages de la microentreprise.

Précautions à prendre

- Préserver l'image de votre entreprise.
- Se faire conseiller pour établir le contrat de sous-traitance.

Arrêter son activité

LE FORMULAIRE DE RADIATION P4

P4 CMB — cerfa N° 11679*02

DÉCLARATION DE RADIATION

PERSONNE PHYSIQUE

Imprimé à compléter uniquement si vous cessez totalement et définitivement toute activité non salariée en France
La fermeture d'établissements relevant d'un autre greffe se déclare sur un imprimé P2

RÉSERVÉ AU CFE M G U I D B E F K T
Déclaration n° ____
Reçue le ____
Transmise le ____

RAPPEL D'IDENTIFICATION

1 **N° UNIQUE D'IDENTIFICATION** ____
❒ IMMATRICULATION AU RCS DU GREFFE DE : ____ ❒ AU RM DANS LE DÉPARTEMENT DE ____
❒ **POUR L'ENTREPRENEUR INDIVIDUEL À RESPONSABILITÉ LIMITÉE (EIRL)** Vous devez remplir l'intercalaire PEIRL CMB

2 Désignation du service des impôts où ont été déposées les dernières déclarations de résultats et de TVA ____

3 **NOM DE NAISSANCE** ____
Nom d'usage ____
Prénoms ____ Né(e) le ____
Dépt. ____ Commune/Pays ____

4 **Si vous êtes :** ❒ Ambulant ❒ Forain
Joindre à la demande la carte d'ambulant ou le livret spécial de circulation

5 **Désignation de l'organisme conventionné servant les prestations d'assurance maladie TNS :**
Nom de l'organisme conventionné ____ Dépt. ____

DÉCLARATION RELATIVE À LA PERSONNE

6 **CESSATION DÉFINITIVE D'ACTIVITÉ :**
Date de la cessation ____ ❒ Cessation consécutive au décès de l'exploitant Si cessation d'emploi de tout salarié, date ____

DÉCLARATION RELATIVE À LA FERMETURE D'ÉTABLISSEMENT(S)

7 **ÉTABLISSEMENT PRINCIPAL :**
Rés., bât., n°, voie, lieu-dit ____
Code postal ____ Commune ____
Destination : ❒ Suppression ❒ Vente ❒ Autre ____

7 bis **AUTRE ÉTABLISSEMENT RELEVANT DU MÊME GREFFE SIMULTANÉMENT FERMÉ :**
Rés., bât., n°, voie, lieu-dit ____
Code postal ____ Commune ____
Destination : ❒ Suppression ❒ Vente ❒ Autre ____

RENSEIGNEMENTS COMPLÉMENTAIRES

8 **OBSERVATIONS :**

9 **Adresse de correspondance :** Rés., bât., n°, voie, lieu-dit ____
____ Code postal ____ Commune ____
Tél ____ Tél ____
Fax/e-mail ____

La présente demande constitue une demande de radiation au RCS, au RM, le cas échéant au REB ou au RSEIRL, aux services fiscaux, aux organismes de sécurité sociale, à l'INSEE et s'il y a lieu, à l'inspection du travail.
Quiconque donne, de mauvaise foi, des indications inexactes ou incomplètes s'expose à des sanctions pénales pouvant aller jusqu'à l'emprisonnement.

10 ❒ **LE DÉCLARANT** *désigné au cadre 3* *nom, prénom/dénomination et adresse*
❒ **LE MANDATAIRE** *ayant procuration*
❒ **AUTRE PERSONNE** *justifiant d'un intérêt*

Certifie l'exactitude des renseignements donnés
Fait à ____
Le ____
Intercalaire PEIRL : ❒ oui ❒ non
Nombre d'intercalaire(s) P' : ____

SIGNATURE

La loi n° 78-17 du 6 janvier 1978 modifiée, relative à l'informatique, aux fichiers et aux libertés, s'applique aux réponses des personnes physiques à ce questionnaire. Elle leur garantit un droit d'accès et de rectification, pour les données les concernant, auprès des organismes destinataires de ce formulaire.

Formulaire à télécharger sur : www.service-public.fr/professionnels-entreprises/vosdroits/R17345

En résumé

L'arrêt de l'activité, quelle qu'en soit la raison, doit se préparer tout comme la création de l'entreprise.

Les démarches administratives à accomplir sont de même niveau que celles réalisées lors de l'inscription.

Insight

A cessation of activity, for whatever reason, needs to be prepared in advance (just as much as establishing your own business).

The administrative formalities are a mirror of those you went through when you declared your business activity in the first place.

Pourquoi l'utiliser ?

Objectif

Préparer la clôture de sa micro-entreprise pour que la cessation d'activité se passe dans les meilleures conditions possibles.

Contexte

Il faut distinguer cessation d'activité et cessation de paiement. Dans le premier cas, le micro-entrepreneur interrompt volontairement son activité et entame la procédure de cessation auprès de l'administration. Dans le second cas, il est dans l'impossibilité de faire face à ses dettes.

Comment l'utiliser ?

Étapes

La cessation d'activité volontaire nécessite le respect d'un processus administratif en trois étapes.

1. **Première étape :**

› remplir le formulaire déclaration de radiation (P4 CMB ou P4 PL pour les professions libérales) et la déposer au CFE dans un délai d'un mois à compter de la date d'arrêt de l'activité ;

› le CFE se charge ensuite de faire procéder à la radiation de l'entreprise auprès des registres concernés et en informe les organismes sociaux et fiscaux.

2. **Deuxième étape :**

› pour le règlement de l'impôt sur le revenu, déclarer dans les 45 jours (60 jours pour les professions libérales) suivant la demande de radiation auprès du CFE, les bénéfices réalisés depuis la dernière déclaration faite à l'administration fiscale ;

› pour le règlement de la TVA, déclarer et verser le solde de TVA dans les 30 à 60 jours suivant le régime fiscal, auprès des services fiscaux ;

› pour le règlement de la CFE, envoyer un courrier recommandé avec accusé de réception au service des impôts, le montant à régler portant uniquement sur les mois d'activité.

3. **Troisième étape :**

› pour les allocations familiales, informer l'URSSAF dès l'arrêt de l'activité. Le trimestre en cours sera intégralement dû et les cotisations seront à verser dans les 30 jours suivant la cessation. Prévoir le paiement des cotisations provisionnelles des 2 dernières années ;

› pour le règlement des cotisations maladie, informer le RSI dans les 30 jours suivant la cessation, qui calculera les cotisations restant à payer (ou à rembourser) ;

› pour l'assurance vieillesse, demander sa radiation auprès du RSI ou la CIPAV.

L'arrêt de son activité est une phase tout aussi importante que sa création.

Méthodologie et conseils

Bien que le CFE se charge des formalités de radiation auprès des organismes sociaux et de l'administration fiscale, il est recommandé d'envoyer un courrier recommandé avec accusé de réception à ces mêmes organismes afin de les informer de la cessation d'activité.

Pour les ex-auto-entrepreneurs, le site de l'URSSAF qui leur est dédié permet d'effectuer en ligne la radiation de l'entreprise. La cessation d'activité entraîne la perte de la couverture sociale du RSI une année après la radiation. Il convient donc de s'assurer que l'on est couvert par un autre régime (retraite par exemple) ou souscrire une assurance volontaire auprès de la sécurité sociale. ■

Avantages

- Une procédure de radiation simple et rapide qui peut s'effectuer en ligne.

Précautions à prendre

- S'assurer que tous les organismes concernés ont bien été informés de la demande de radiation.
- Prévoir la trésorerie suffisante pour payer les charges, taxes et impôts restant à devoir.

Le parcours du créateur d'entreprise

› J-100

Définir son objectif : valider son idée, lancer le processus projet, s'assurer de l'adéquation entre le créateur et son projet.

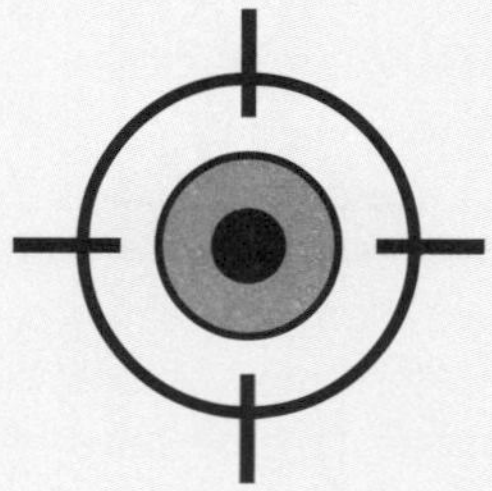

› J-90

Réaliser une étude de marché ; mieux connaître les grandes tendances et les acteurs du marché et vérifier l'opportunité du projet.

› J-75

Rédiger son business plan, formaliser son idée, traduire en termes financiers les éléments de l'étude et évaluer la viabilité de son projet.

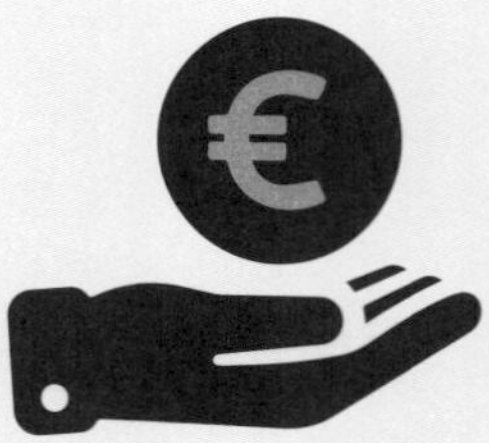

› J-65

Trouver un financement : préparer son dossier, savoir le défendre, convaincre, offrir des garanties.

› J-55

Domicilier sa micro-entreprise : pour installer le siège de sa micro-entreprise, obtenir un bail, une autorisation administrative.

› J-50

Prendre rendez-vous au CFE : rencontrer un conseiller, s'informer des démarches à accomplir, récupérer les documents et informations nécessaires, se former.

› J-45

Ouvrir un compte bancaire dédié : trouver une banque pour y ouvrir un compte réservé à l'activité professionnelle.

› J-40

Préparer sa communication : déposer sa marque, son nom de domaine. Penser à son identité visuelle, élaborer des outils de communication, ses documents commerciaux.

› J-30

Définir sa stratégie Web. Créer ou faire développer un site Web, afficher sa présence sur les médias sociaux.

› J-5

S'assurer : couvrir sa micro-entreprise et soi-même, étudier et comparer les offres.

› Jour J

Immatriculer sa micro-entreprise : déposer sa demande d'immatriculation auprès du CFE.

Glossaire administratif

ACCRE	Aide à la Création et à la Reprise d'Entreprise
ADIE	Association pour le Droit à l'Initiative Économique
AGA	Association de Gestion Agréée
AGEFIPH	Association de Gestion du Fonds pour l'Insertion Professionnelle des Personnes Handicapées
AFE	Agence France Entrepreneur
APE	Activité Principale Exercée
API	Allocation de Parent Isolé
ARCE	Aide à la Reprise ou à la Création d'Entreprise
ASS	Allocation de Solidarité Spécifique
BA	Bénéfice Agricole
BIC	Bénéfices Industriels et Commerciaux
BNC	Bénéfices Non Commerciaux
CA	Chiffre d'Affaires
CCI	Chambre de Commerce et d'Industrie
CET	Contribution Économique Territoriale
CFE	Cotisation Foncière des Entreprises
CFE	Centre de Formalités des Entreprises
CGA	Centre de Gestion Agréé
CIPAV	Caisse Interprofessionnelle de Prévoyance et d'Assurance Vieillesse
CMA	Chambre des Métiers et de l'Artisanat
CNIL	Commission Nationale Informatique et des Libertés
CRDS	Contribution au Remboursement de la Dette Sociale
CSG	Contribution Sociale Généralisée
CVAE	Cotisation sur la Valeur Ajoutée des Entreprises
DDPP	Direction Départementale de la Protection des Populations
DGCCRF	Direction Générale de la Concurrence de la Consommation et de la Répression des Fraudes
DIRECCTE	Directions Régionales des Entreprises, de la Concurrence, de la Consommation, du Travail et de l'Emploi
EDEN	Encouragement au Développement des Entreprises Nouvelles
EI	Entreprise Individuelle
EIRL	Entreprise Individuelle à Responsabilité Limitée

EURL	Entreprise Unipersonnelle à Responsabilité Limitée
FGIF	Fonds de Garantie à l'Initiative des Femmes
INPI	Institut National de la Propriété Industrielle
INSEE	Institut National de la Statistique et des Études Économiques
MSA	Mutuelle Sociale Agricole
NACRE	Nouvel Accompagnement pour la Création et la Reprise d'Entreprise
NAF	Nomenclature des Activités Françaises
BPI	Banque Publique d'Investissement
PCE	Prêt à la Création d'Entreprise
RCS	Registre du Commerce et des Sociétés
RM	Registre des Métiers
RSA	Revenu de Solidarité Active
RSI	Régime Social des Indépendants
SA	Société Anonyme
SARL	Société À Responsabilité Limitée
SAS	Société par Actions Simplifiée
SASU	Société par Actions Simplifiée Unipersonnelle
SCOP	Société Coopérative et Participative
SELARL	Société d'Exercice Libéral À Responsabilité Limitée
SEP	Société En Participation
SIREN	Système d'Identification du Répertoire des Entreprises
SIRET	Système d'Identification du Répertoire des Etablissements
SNC	Société en Nom Collectif
TNS	Travailleur Non Salarié
TS	Travailleur Salarié
TVA	Taxe sur la Valeur Ajoutée
URSSAF	Union de Recouvrement des cotisations de Sécurité Sociale et d'Allocations Familiales

Les principaux organismes officiels

<table>
<tr><td colspan="2">• Création et l'immatriculation de l'entreprise.
• Toute entreprise est rattachée à un CFE (Centre de formalités des entreprises). Celui-ci dépend de l'activité exercée.</td></tr>
<tr><td>Activité commerciale</td><td>Chambre de commerce et d'industrie
➔ www.cci.fr</td></tr>
<tr><td>Activité artisanale</td><td>Chambre des métiers
➔ www.artisanat.fr</td></tr>
<tr><td>Activité libérale</td><td>URSSAF (Union de recouvrement des cotisations de sécurité sociale et d'allocations familiales)
➔ www.urssaf.fr
C'est également l'URSSAF qui maintient le portail officiel des auto-entrepreneurs.
➔ www.lautoentrepreneur.fr</td></tr>
<tr><td>Immatriculation toutes activités</td><td>INSEE (Institut national de la statistique et des études économiques)
➔ www.insee.fr</td></tr>
<tr><td colspan="2">• Information, conseil, financement.
• Différents organismes existent et certains peuvent être spécifiques à l'activité, comme les chambres de commerce ou des métiers.</td></tr>
<tr><td>Portail d'information</td><td>AFE (Agence France entrepreneur) anciennement APCE (Agence pour la création d'entreprise)
➔ www.afecreation.fr</td></tr>
<tr><td>Financement</td><td>BPI France (Banque publique d'investissement)
➔ www.bpifrance.fr</td></tr>
<tr><td>Demandeurs d'emploi</td><td>Pôle Emploi
➔ www.pole-emploi.fr</td></tr>
<tr><td colspan="2">• Charges sociales, taxes et impôts.
• Ce sont des organismes incontournables qui s'imposent à l'entrepreneur, mais qui peuvent dépendre de l'activité exercée.</td></tr>
<tr><td>Maladie, retraite, invalidité-décès
Retraite professions libérales</td><td>RSI (Régime social des indépendants)
➔ www.rsi.fr
La retraite RSI ne concerne que les artisans et commerçants
CIPAV (Caisse interprofessionnelle d'assurance vieillesse)
➔ www.cipav.fr</td></tr>
<tr><td>Allocations familiales, taxe pour la formation professionnelle, CSG-RDS</td><td>URSSAF (Union de recouvrement des cotisations de sécurité sociale et d'allocations familiales)
➔ www.urssaf.fr</td></tr>
<tr><td>Impôt, cotisation foncière des entreprises</td><td>DGFiP (Direction générale des finances publiques)
➔ www.impots.gouv.fr</td></tr>
</table>

Webographie

Sites d'associations d'aide ou d'accompagnement

BGE	bge.asso.fr
Initiative France	www.initiaitve-france.fr
France Active	www.franceactive.org
Réseau Entreprendre	www.reseeau-entreprendre.org
AGEFIPH	www.agefiph.fr
ADIE	www.adie.org

Portails d'information

Passion Entreprendre	passion-entreprendre.fr
Union des auto-entrepreneurs	www.auto-entrepreneur.fr
Fédération des auto-entrepreneurs	www.federation-auto-entrepreneur.fr
Auto-entrepreneur Info	autoentrepreneurinfo.com
TV des entrepreneurs	www.laformationpourtous.com
Thinkcreative	www.thinkcreatice.uk.com
Analyse de Porter	www.wikipedia.org/wiki/cinq_forces_de_porter

Sites d'organismes officiels

AFE	www.afecreation.fr
URSSAF	www.urssaf.fr
INSEE	ww.insee.fr
INPI	www.inpi.fr
CNIL	www.cnil.fr
RSI	www.rsi.fr
CIPAV	www.cipav.fr
DGFiP	www.impots.gouv.fr
Pôle emploi	www.pole-emploi.fr
BPI	www.bpifrance.fr
DIRECCTE	direccte.gouv.fr
CCI	www.cci.fr
CMA	www.artisanat.fr
AGEFICE	www.agefice.fr
FIFPL	www.fifpl.fr
FAFCEA	www.fafcea.fr

Liste des activités relevant de l'artisanat

ALIMENTATION

Boulangerie-pâtisserie, biscotterie-biscuiterie, pâtisserie de conservation (sauf terminaux de cuisson)

Conservation et transformation de fruits et légumes et autres produits alimentaires (sauf activités agricoles et vinification)

Conservation et transformation des produits de la mer, poissonnerie

Fabrication de glaces et sorbets, chocolaterie et confiserie

Fabrication de produits laitiers

Transformation de viande, boucherie, charcuterie, fabrication de produits à base de viande

BÂTIMENT

Aménagement, agencement et finition

Couverture, plomberie chauffage

Industries extractives (tourbe, pierre, argile...)

Maçonnerie et autres travaux de construction

Menuiserie, serrurerie

Orpaillage

Préparation des sites et terrassement

Travaux d'installation électrique et d'isolation

Travaux sous-marins de forage

FABRICATION

Fabrication d'articles textiles

Fabrication d'articles de sport, de jeux et de jouets

Fabrication d'instruments médicaux, de précision, d'optique, fabrication de lunettes et de matériel photographique

Fabrication d'instruments de musique

Fabrication de matériel agricole de machines et d'équipements et de matériel de transport

Fabrications d'objets divers

Fabrication et réparation d'articles d'horlogerie, bijouterie et bijouterie fantaisie

Fabrication et réparation de machines de bureau, de matériel informatique, de machines et appareils électriques, d'équipements de radio, de télévision et de communication

Fabrication et réparation de meubles

Fabrication et transformation des métaux : produits chimiques (sauf principes actifs sang et médicament) caoutchouc, matières plastiques et matériaux de construction

Fabrication de vêtements en cuir et fourrure

Imprimerie (sauf journaux) reliure et reproduction d'enregistrements

Récupération
Taxidermie
Transformation des fibres, tissage, ennoblissement
Transformation de matières nucléaires
Travail du bois, du papier et du carton
Travail du cuir et fabrication de chaussures
Travail du verre et des céramiques

SERVICES

Ambulances
Blanchisserie et pressing (sauf libre-service)
Coiffure
Compositions florales
Contrôle technique
Cordonnerie et réparation d'articles personnels et domestiques
Déménagement
Embaumement, soins mortuaires
Entretien et réparation de machines de bureau et de matériel informatique
Etalage, décoration
Finition et restauration de meubles, dorure, encadrement
Maréchalerie
Pose d'affiches, travaux à façon, conditionnement à façon
Ramonage, nettoyage, entretien de fosses septiques et désinsectisation
Réparation automobile cycles et motocycles
Réparation d'objets d'art
Spectacle de marionnettes
Soins de beauté
Taxis et voitures de remise
Toilettage d'animaux de compagnie
Travaux de photographiques
Voiture grande remise

Liste consultable sur le site de la Chambre de Métiers et de l'Artisanat : www.cfe-metiers.com

Liste des professions affiliées à la CIPAV

A

Accompagnateur de groupe
Accompagnateur de moyenne montagne
Actuaire
Agent d'enquête assermente par les tribunaux
Agent de promotion
Agent de protection
Agent de renseignements prives
Agent de sécurité
Agent prive de recherches
Agrée en architecture
Aide relationnelle (si psychologue ou psychothérapeute)
Analyste programmeur
Animateur
Animateur d'art
Animateur-speaker
Arbitre de bridge
Archéologue
Architecte
Architecte d'intérieur (non D.P.L.G)
Architecte d'intérieur D.P.L.G
Architecte naval
Architecte paysagiste
Artiste non créateur d'œuvres originales (art. L.382-1 C.S.S.)
Art-thérapeute
Assimile vigile à titre libéral
Assistant aéroportuaire
Assistant ethnographe
Assistant informatique
Assistant scolaire
Assistant technique
Assistante sociale à titre libéral
Attache de presse
Audit et conseil

C

Cameraman
Cartographe
Charge d'enquête à titre libéral
Chercheur contractuel
Chercheur scientifique
Chimiste
Classificateur colombophile

Coach
Coach sportif
Collaborateur d'architecte
Coloriste conseil
Commissaire d'une exposition
Commissaire de piste
Concepteur rédacteur
Concession de brevets, licence ou marque
Conciliateur pour entreprises en difficultés
Conférencier
Conseil artistique
Conseil charge de mission
Conseil commercial
Conseil conjugal
Conseil d'entreprise
Conseil de gestion
Conseil de sociétés
Conseil éditorial
Conseil en brevets d'invention
Conseil en conservation du patrimoine
Conseil en communication
Conseil en décoration
Conseil en économie
Conseil en expansion
Conseil en formation
Conseil en gestion
Conseil en gestion de patrimoine
Conseil en gestion de tutelle
Conseil en gestion financière
Conseil en immobilier
Conseil en importation
Conseil en informatique
Conseil en management
Conseil en marketing
Conseil en optique
Conseil en organisation
Conseil en produits de régime
Conseil en publicité
Conseil en recrutement
Conseil en relations publiques
Conseil en ressources humaines
Conseil en stratégie
Conseil en télématique
Conseil en transmission
Conseil ergonome

Conseil financier
Conseil littéraire
Conseil logistique
Conseil matrimonial
Conseil qualité comptable
Conseil scientifique
Conseil social
Conseil technique
Conservateur du patrimoine
Consultant
Contrôle de céréales et semence
Contrôleur
Coordinateur
Coordination de chantiers
Coordination de travaux
Copiste
Correcteur lecteur
Correspondant local de la presse écrite
Correspondant sportif
Coureur automobile
Créateur d'art
Créateur d'œuvres artistiques non originales
Créateur industriel
Créateur sites internet
Cruciverbiste

D

Décorateur
Décorateur conseil
Décorateur ensemblier
Délègue du procureur
Designer
Dessinateur
Dessinateur artistique (non créateur d'œuvre originale)
Dessinateur assiste par ordinateur
Dessinateur cartographe
Dessinateur en bâtiment
Dessinateur industriel
Dessinateur maquettiste
Dessinateur projeteur
Dessinateur publicitaire (non assujetti a la taxe professionnelle)
Dessinateur technique
Dessinateur topographique
Détective

Développement de logiciels
Diététicien
Documentaliste

E

Économiste
Économiste conseil
Économiste consultant
Économiste de la construction
Écrivain public
Éducateur
Enquêteur
Enquêteur d'assurances
Enquêteur social
Enseignant
Entraineur d'échecs
Entraineur sportif
Ergonome
Ergothérapeute à titre libéral
Esthétique industrielle
Ethnologue
Études de marches
Études d'environnement
Études des structures
Études électroniques
Études en conception
Études en nutrition
Études et conseils
Études et développement
Études et recherches en textiles
Études expertises
Études historiques sur le patrimoine
Études informatiques
Études sociologiques
Études statistiques
Études statistiques et économiques
Études techniques
Expert
Expert agricole
Expert assureur
Expert automobile
Expert de tableaux
Expert en art mobilier
Expert en assurances

Expert en bâtiment
Expert en écritures
Expert en grêle
Expert en objets d'art
Expert en œuvres d'art
Expert en pollution
Expert foncier
Expert forestier
Expert immobilier
Expert judiciaire
Expert maritime
Expert psychologique
Expert tarificateur
Exploitant de brevets, licence ou marque
Exploitation de techniques

F

Formateur

G

Gardien de sécurité
Généalogiste
Géographe
Géologues
Géomètre expert
Géophysicien
Gérant de holding (si consultant ou conseil en gestion)
Gérant de tutelle
Gestion d'entreprises
Graphiste non créateur d'œuvre originale
Graphiste publicitaire
Graphologue
Graphologue psychologue
Guide de haute montagne
Guide touristique

H

Historien
Historien du patrimoine
Hôtesse d'exposition
Hydrogéologue

I

Iconographe
Infographiste
Informaticien
Ingénieur
Ingénieur chimiste
Ingénieur conseil
Ingénieur conseil plastique
Ingénieur d'affaires
Ingénieur du son
Ingénieur en informatique
Ingénieur expert
Ingénieur mécanicien
Ingénieur thermicien
Ingénieur œnologue
Interprète
Interprète de conférences
Interprète guide
Interprète traducteur
Inventeur
Inventeur conférencier
Inventoriste en pharmacie
Investigateur

J

Joueur de bridge
Joueur de golf
Joueur de tennis
Joueur professionnel (sport individuel)
Journaliste indépendant

L

Lecteur
Liquidateur de société

M

Maître-chien
Maître d'œuvre
Maître-nageur
Mandataire de société
Mandataire judiciaire a la protection des majeurs

Manipulateur d'électroradiologie
Mannequin libre
Maquettiste
Marketing
Médiateur pénal
Médiéviste
Merchandiseur
Métreur
Métreur en peinture
Métreur vérificateur
Modèle libre
Moniteur
Moniteur de ski
Moniteur de sports
Moniteur de voile
Moniteur d'éducation physique
Musicothérapeute

N

Naturaliste
Naturopathe
Noteur
Noteur copiste
Nutritionniste

O

Océanographe
Œnologue
Organisateur d'événements en tous genres
Organisateur de convoi exceptionnel
Orientateur
Ostéopathe

P

Paysagiste (activité en bureau d'études, sans lien avec le cycle de la production végétale)
Peseur-jure de fret maritime
Pigiste - correspondant de la presse écrite
Pilote d'aéronef non propriétaire de son engin
Pilote de course automobile
Plasticien conseil
Prédicateur non ecclésiastique
Préparateur physique a domicile

Prestataire en informatique
Professeur
Professeur de danse
Professeur de dessin
Professeur de golf
Professeur de gymnastique
Professeur de judo
Professeur de langues
Professeur de musique
Professeur de piano
Professeur de ski
Professeur de sports
Professeur de tennis
Professeur de voile
Professeur de yoga
Programmeur
Psychanalyste non médecin diplômé
Psychanalyste non médecin non diplômé
Psychologue
Psychologue clinicien
Psychomotricien
Psychosociologue
Psychotechnicien
Psychothérapeute (l'usage du titre est réglementée)
Publicitaire

R

Recrutement et communication
Rédacteur
Rédacteur documentaliste
Rédacteur scientifique
Relation presse
Relations publiques
Répétiteur
Reporter - correspondant de la presse écrite

S

Sapiteur (expert)
Scénographe
Sculpteur
Skipper
Sociologue
Speaker

Spéléologue
Sportif professionnel
Statisticien
Sténotypiste de conférences
Styliste
Surveillant de travaux
Surveillant gardiennage
Syndic d'immeuble (à titre occasionnel, non inscrit au registre du commerce et Des sociétés – R.C.S.)

T

Technicien artificier
Technicien conseil
Technicien de l'électro-encéphalographie
Technicien du bâtiment
Technicien du cinéma
Technicien du son
Thermicien
Topographe
Traducteur
Traducteur interprète
Traducteur technique
Transcripteur
Travaux bibliographiques
Travaux informatiques
Travaux télématiques

U

Urbaniste

V

Verificateur
Verificateur de monuments historiques
Vigile à titre libéral

Liste consultable sur le site de la Caisse Interprofessionnelle de Prévoyance et d'Assurance Vieillesse (CIPAV) : www.cipav-retraite.fr

Liste des activités et professions réglementées

A

Abattoir d'animaux
Achat / Vente d'animaux d'agrément ou de compagnie
Administrateur de biens
Agence de mannequins
Agence de presse
Agent artistique
Agent commercial
Agent de recherches privées
Agent de sécurité
Agent de voyages
Agent immobilier
Agent matrimonial
Agent sportif
Antiquaire-brocanteur
Architecte
Artisan d'art
Artisan du bâtiment
Artiste-auteur
Auto-école
Avocat

B

Bijoutier-Joaillier
Boucher
Boulanger
Bureau de change

C

Camping
Carreleur
Carrossier
Centre de contrôle technique automobile
Centre équestre et assimilé
Chambre d'hôtes
Charcutier
Chirurgien-dentiste
Coiffeur à domicile
Coiffeur en salon
Commerçant / artisan ambulant
Commerce de détail alimentaire
Commerce de détail non alimentaire

Commerce de gros interentreprises
Commissaire aux comptes
Commissionnaire de transport
Confiseur-glacier
Conseiller en investissements financiers
Contrôleur d'ascenseurs
Contrôleur technique de la construction
Courtier de fret fluvial
Courtier en assurance-réassurance
Courtier en vins et spiritueux
Crèche - Accueil d'enfants de moins de 6 ans

D

Débitant de boissons
Débitant de tabac
Déménageur
Démolition
Dépôt-vente
Diagnostiqueur immobilier
Diététicien
Discothèque
Distributeur de presse

E

École de danse
Éditeur
Éducateur sportif
Electricien
Enseignement privé
Entrepreneur de spectacles
Entreprise de presse - Publication de périodiques
Entreprise de travail temporaire
Entretien et réparation de véhicules
Épithésiste
Ergothérapeute
Etablissement d'activités physiques et sportives (EAPS) à vocation commerciale
Expert en automobile
Expert foncier et agricole
Expert forestier
Expert-comptable
Exploitant de station de bronzage
Exploitant d'eau de source
Exploitant piscine-lieu de baignade

F

Formateur indépendant

G

Galerie d'art
Garde de chiens et chats
Génie climatique
Géomètre-expert
Gîte ou meublé de tourisme
Graineterie - Jardinerie
Guide de haute montagne
Guide-conférencier

H

Horloger
Hôtel
Huissier de justice

I

Infirmier
Institut de beauté-esthéticienne

L

Laverie libre-service
Loueur de véhicules industriels de transport

M

Maçon
Marchand de biens
Maréchal-ferrant
Masseur-kinésithérapeute
Menuisier
Moniteur de ski
Moquettiste solier

N

Notaire

O

Ocularitste
Opérateur de ventes aux enchères
Opticien-lunetier
Orfèvre
Organisateur de foires et salons
Organisme de formation professionnelle
Organisme privé de placement de personnel
Orthopédiste-orthésiste
Orthophoniste
Orthoprothésiste
Orthoptiste
Ostéopathe

P

Pâtissier
Paysagiste : entretien d'espaces verts et utilisation de produits phytopharmaceutiques et/ou biocides
Paysagiste : réalisation de petits travaux de construction d'ouvrages paysagers
Pédicure-podologue
Peintre en bâtiment
Pharmacien
Plâtrier
Plombier
Podo-orthésiste
Portage de médicaments à domicile
Professeur de danse
Psychologue
Psychomotricien
Psychothérapeute

R

Radio locale
Ramoneur
Recouvrement de créances
Restaurant traditionnel
Restaurateur de meubles
Restauration rapide/Vente à emporter

S

Sage-femme
Salon de thé
Serrurier
Services à la personne
Services d'exploitation ou d'exploration du plateau continental
Services funéraires
Société de domiciliation

T

Tailleur de pierre
Tatouage-perçage
Taxi
Teinturier
Télésurveillance et sécurité électronique
Terrassement
Toilettage animalier
Transport de personnes en 2 ou 3 roues
Transport routier de marchandises (poids lourds)
Transport routier de marchandises (véhicules légers)
Transport sanitaire
Transporteur de fonds

V

Vétérinaire
Vidéo club
Vitrier
Voiture de transport avec chauffeur (VTC)

Liste consultable sur le site de l'Agence France Entrepreneur : www.afecreation.fr

LA BOÎTE À OUTILS

Des outils opérationnels tout de suite !

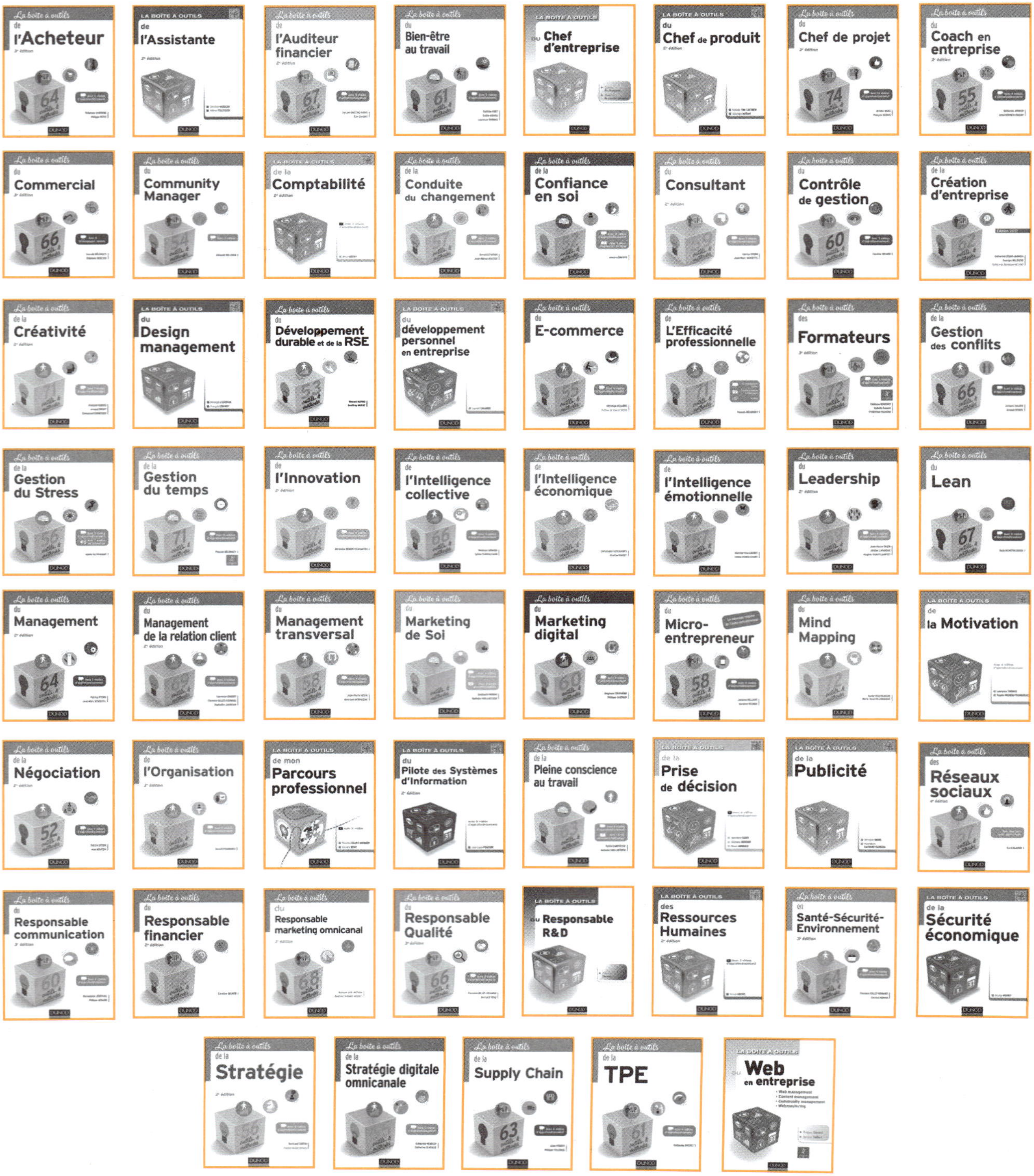

74589-(II)-OSB 90°-144-BPA-BGD - Dépôt légal septembre 2016 - Suite du tirage février 2018
Achevé d'imprimer en France par Loire Offset Titoulet